O contrato racial

Charles W. Mills

O contrato racial

Edição comemorativa de 25 anos

Tradução:
Teófilo Reis e Breno Santos

Copyright © 1997 by Cornell University
Copyright © 2022 agradecimentos da edição comemorativa de 25 anos, prefácio e prólogo by Cornell University

Grafia atualizada segundo o Acordo Ortográfico da Língua Portuguesa de 1990, que entrou em vigor no Brasil em 2009.

Título original
The Racial Contract

Capa
Alceu Chiesorin Nunes + Felipe Sabatini e Nina Farkas/ Gabinete Gráfico

Imagem de capa
Gordon Parks/ Heritage/ Easypix Brasil

Preparação
Angela Vianna

Índice remissivo
Probo Poletti

Revisão
Bonie Santos
Julian F. Guimarães

Dados Internacionais de Catalogação na Publicação (CIP)
(Câmara Brasileira do Livro, SP, Brasil)

Mills, Charles W., 1951-2021
O contrato racial : Edição comemorativa de 25 anos / Charles W. Mills ; tradução Teófilo Reis, Breno Santos. — 1ª ed. — Rio de Janeiro : Zahar, 2023.

Título original : The Racial Contract.
ISBN 978-65-5979-095-1

1. Ciência política – Filosofia 2. Contrato social 3. Movimentos de supremacia branca – Estados Unidos 4. Racismo 5. Relações raciais I. Título.

23-143759   CDD: 305.8

Índice para catálogo sistemático:
1. Antirracismo : Resistência : Sociologia   305.8

Aline Graziele Benitez – Bibliotecária – CRB 1/3129

Todos os direitos desta edição reservados à
EDITORA SCHWARCZ S.A.
Praça Floriano, 19, sala 3001 — Cinelândia
20031-050 — Rio de Janeiro — RJ
Telefone: (21) 3993-7510
www.companhiadasletras.com.br
www.blogdacompanhia.com.br
facebook.com/editorazahar
instagram.com/editorazahar
twitter.com/editorazahar

Este livro é dedicado às pessoas negras, vermelhas, marrons e amarelas que resistiram ao contrato racial, e aos brancos renegados e traidores da raça que o recusaram.

Sumário

Prólogo, por Tommie Shelby   9

Prefácio: O contrato racial: O velho é novo de novo,
por Charles W. Mills   19

Introdução   33

1. Visão geral   41

2. Detalhes   79

3. Méritos "naturalizados"   137

Agradecimentos   187

Agradecimentos da edição comemorativa de 25 anos   191

Notas   193

Índice remissivo   221

Prólogo

Tommie Shelby

O CONTRATO RACIAL (1997), de Charles Mills, é um texto de referência que buscou trazer uma renovação conceitual à filosofia política, colocando no centro o estudo da raça. No entanto, não foi por meio deste clássico contemporâneo que eu me familiarizei com o pensamento de Mills. Enquanto fazia pesquisas para minha tese, no início da década de 1990, deparei com vários artigos de Mills sobre tópico semelhante. Eu tentava entender a crítica materialista da moralidade em Karl Marx e suas implicações para a acusação de Marx de que o capitalismo é inerentemente explorador. Mills havia publicado ensaios investigando o conceito de ideologia, o materialismo histórico e os limites das críticas morais da sociedade capitalista em Marx. Essa produção intelectual me impressionou muito, e o fato de ter sido escrita no idioma da filosofia analítica (meu modo preferido de escrita filosófica) a tornou especialmente agradável. Eu também soube, na mesma época, que Mills era negro, o que me levou a procurar outras obras suas e a descobrir seus primeiros trabalhos sobre raça e filosofia africana e afro-diaspórica.[1]

Por que a identidade racial de Mills importava para mim? Antes de entrar na pós-graduação, eu já me inspirara nos trabalhos de Kwame Anthony Appiah, Bernard R. Boxill, Howard McGary, Bill Lawson e Laurence Thomas. Todos são filósofos analíticos negros que escreveram trabalhos importantes sobre raça e filosofia africana e afro-diaspórica. Mas esses pensadores estão firmemente enraizados na tradição liberal e dão pouca atenção às ideias de Marx, meu principal interesse na época. Eu também estava intensamente curioso a respeito do enigma raça-classe, em todas as suas manifestações, e meu ponto de partida foi a teoria marxista. Mills estava modelando o tipo de trabalho que eu queria fazer, em forma e substância.

Então, vocês podem imaginar como fiquei encantado quando, em uma reunião da American Philosophical Association, em meados da década de 1990, finalmente o conheci pessoalmente. Depois de um painel do qual Mills participara, ele se apresentou a mim. Foi encorajador, solidário e generoso com seu tempo, embora eu não passasse de um mero estudante de pós-graduação. Rapidamente nos unimos a partir de nossos interesses acadêmicos mútuos e de nossa esperança de expandir o espaço intelectual e melhorar o ambiente profissional para pessoas negras na filosofia. Quando eu estava apenas começando na profissão, ele forneceu o tipo de mentoria que eu tenho procurado emular desde então com os estudantes de pós-graduação que conheci ou orientei. Com o tempo, Mills e eu nos tornamos não apenas colegas, mas amigos — compartilhando ideias e histórias durante as refeições, debatendo questões difíceis durante a noite e trabalhando juntos para ajudar a desenvolver um campo que ambos amamos.

Muita coisa mudou na disciplina de filosofia desde que nos conhecemos. Perguntas sobre raça e vida negra se moveram das margens para mais perto do centro, embora nunca tenham chegado até ele, em grande parte pelos esforços incansáveis e notáveis de Mills. No entanto, ainda me lembro da mi-

Prólogo

nha empolgação em 1997, quando coloquei as mãos no então recém-publicado livro de que ele vinha me falando, e no qual escreveu a dedicatória: *Para Tommie. Na luta conceitual!* Assim, é uma tremenda honra e um prazer escrever este prólogo para a edição de vigésimo quinto aniversário daquele livro agora com razão famoso.

As virtudes de *O contrato racial* são muitas. Em vez de focar estritamente na América do Norte e na Europa (como é comum), ele oferece uma perspectiva verdadeiramente global sobre raça, com atenção para África, Ásia, América Latina, Caribe, ilhas do Pacífico e Austrália. Evita (de fato rompe com) o enganoso binário preto-branco e considera formas de dominação racial em que as pessoas de ascendência africana não são as principais vítimas. O livro está enraizado em uma compreensão extraordinária da história mundial moderna. Embora seja um trabalho de filosofia, tem uma abordagem amplamente interdisciplinar de seu tema, com base na produção acadêmica de todas as ciências humanas e sociais. Também é escrito em prosa "contundente" e acessível, tornando-o uma excelente escolha para adoção em cursos de graduação. Essas virtudes, acredito, explicam parte do amplo apelo do livro fora da filosofia e para além das fronteiras dos Estados Unidos.

No que diz respeito à filosofia acadêmica, Mills acusa a disciplina, e a filosofia política em particular, de ser conceitualmente "branca" e evasiva em relação à subjugação racial. De fato, ele transformou a supremacia branca em um assunto filosófico sério, enquanto criticava com severidade os líderes nesse campo por obscurecerem o significado do domínio branco em sociedades aparentemente democráticas. E apresenta um caso convincente, de que um contrato racial é o subtexto não reconhecido, mas assumido, da tradição do contrato social — como exemplificado por Thomas Hobbes, John Locke, Jean-Jacques Rousseau e Immanuel Kant —, que teve enorme influência na teoria política contemporânea. Também argumenta que os filósofos políticos têm operado em grande parte com uma psicologia moral racializada que distorcia a teorização desses filósofos e limitava a aplicabilidade de suas conclusões ao nosso mundo. Expor o funcionamento sutil do contrato racial é então uma espécie de terapia cognitiva para o subcampo.

Esse ataque à filosofia política dominante não deve ser lido como ironia cínica, resignação pessimista ou postura radical. Seus objetivos são, em última análise, emancipatórios e estão enraizados na esperança de mudanças estruturais concretas. Nem se baseia na desconsideração e rejeição em voga do pensamento político liberal. Em vez disso, Mills procura revisar, desracializar e radicalizar o liberalismo a fim de que ele seja redimensionado para fins libertadores. O foco no contrato racial como algo global em escopo nos ajuda a reformular os debates da filosofia política desde Hobbes. Dominação racial e imperialismo europeu deveriam, desde o início, estar no centro das preocupações do subcampo.

Com este livro, Mills realizou uma ruptura pública com o tradicional marxismo "branco", situando seus escritos subsequentes na tradição radical negra. No entanto, pode-se ver prontamente a influência das ideias de Marx na análise aqui apresentada. Há uma forte posição de materialismo histórico e análise de classe nas teses que desenvolve. Por exemplo, diz-se que o contrato racial é impulsionado principalmente pelo ganho econômico e pela acumulação de capital — a exploração da terra, do trabalho e dos recursos naturais. A abordagem tem muito em comum com a crítica da ideologia no sentido marxista ocidental, familiar, da teoria crítica.

Articula-se no livro uma explicação de como a solidariedade branca global se opõe às lutas de liberdade dos povos de pele mais escura — tema boiseano central. Não se trata apenas de uma identidade social nociva, mas das dimensões políticas e materiais de um conjunto de práticas transnacionais e catastróficas. Trata-se tanto de poder, trabalho, dinheiro e de quem vive ou morre quanto da política de reconhecimento e multiculturalismo. O livro também abre espaço para — e torna mais legíveis — as contribuições de teóricos políticos não brancos e destaca o significado filosófico da luta prática antirracista. Os objetos dessa teoria e prática oposicionais são os regimes raciais e a supremacia branca global, tornados mais visíveis e explícitos através do enquadramento provocativo de Mills, que produz variações a partir de tropos e motivos dominantes nesse campo.

Atualmente há um ataque de direita, pode-se dizer, nacionalista branco, à teoria racial crítica (TRC). A maior parte dessa propaganda reacionária usa a ideia da teoria racial crítica como um significante vazio, lançando mão de má-fé para obter vantagem política em um período de polarização racial. *O contrato racial* é autoconscientemente uma contribuição para a teoria racial crítica e, portanto, pode ajudar os leitores de mente aberta a entender melhor esse movimento intelectual.[2]

Pioneiros da teoria racial crítica, como Derrick Bell, enfatizaram a recalcitrância e a pervasividade do racismo na sociedade dos Estados Unidos. Os fundamentos estruturais da ordem social — do direito constitucional ao sistema de justiça criminal — são pensados como algo enraizado na supremacia branca, tornando as mudanças fundamentais extremamente difíceis, quando não impossíveis. A mudança progressiva factível ocorre apenas quando a maioria dos brancos está convencida de que ela os beneficiará materialmente. A raça é real e poderosa, mas também socialmente construída (não é um tipo biológico) e sustentada pela prática jurídica. Embora Mills não trate o racismo como uma característica permanente da sociedade norte-americana, ele o considera fundacional, produzindo o que chama de um "regime político racial", que foi criado por um acordo entre aqueles construídos como brancos com o objetivo de manter o poder e explorar aqueles considerados não brancos. Esse contrato racial, de acordo com Mills, cria o constructo da raça e as identidades duradouras a ele associadas. O poder do Estado é frequentemente usado para fazer cumprir os termos do acordo e para derrotar os desafios a ele feitos pelos subordinados raciais.

Os defensores da TRC são profundamente críticos do pensamento e da prática jurídica liberais, em particular por seu endosso à política social daltônica e por sua falta de realismo racial. Mills também é bastante crítico da teoria liberal por razões semelhantes. Ele acredita que ela esconde a história sombria da dominação racial (que continua a moldar nosso presente) recuando para uma mitologia abstrata e idealista, em vez de confrontar o legado concreto do contrato racial global.

A teoria racial crítica desenvolveu-se na sequência da teoria feminista radical, com seu compromisso com a interseccionalidade e a teoria do ponto de vista. O livro de Mills foi inspirado no influente livro feminista *O contrato sexual*, de Carole Pateman, e ele incorpora insights-chave do feminismo radical, incluindo a ideia de que o patriarcado é em si um sistema político e que, tal como o regime político racial, deve ser desmantelado. Ele também defende a ideia de que os racialmente oprimidos têm um insight especial sobre a natureza de sua subordinação, e até sugere que eles apenas tornam esse insight explícito — por exemplo a epígrafe deste livro, atribuída a um "aforismo popular negro americano".

Por fim, os teóricos raciais críticos, em vez de se apoiarem em modos bem aceitos de expressão teórica (como o tratado sistemático e o artigo de jornal sóbrio) ou se conformarem às normas disciplinares, lançam mão de formas não convencionais, mesmo transgressivas, de comunicar suas ideias, incluindo narrativa, autobiografia e alegorias. Mills fornece uma contranarrativa abrangente que perturba nossas expectativas sobre como deveria ser um trabalho de filosofia política.

Não cabe a mim dizer quais serão as ideias duradouras de *O contrato racial*. No entanto, algumas delas me acompanharam nos últimos 25 anos. Para marcar a forma peculiar de desumanização que as pessoas de pele escura sofreram por causa da supremacia branca, Mills faz uma distinção crucial entre pessoa e subpessoa. Os leitores devem prestar muita atenção em como essa distinção é desenvolvida e usada para explicar a relação entre o contrato social manifesto e o contrato racial encoberto.

A ideia provocativa e esclarecedora de que o contrato racial está sendo continuamente reescrito é um aspecto subvalorizado da teoria de Mills. O regime racial não é estático, mas evolui com as mudanças nas condições sociais e no poder. A dominância branca não costuma mais ser formalmente codificada por lei. Mas o contrato entre aqueles que abraçam sua branquitude e desejam manter suas vantagens foi reformulado para garantir fins semelhantes e explorar o legado de regimes anteriores, mais explicitamente racistas. Isso torna a luta antirracista mais complexa e desafiadora, em parte porque muitos brancos negam que o racismo continue em vigor.

Também acredito que a distinção de Mills entre signatário e beneficiário do contrato racial seja importante. Embora ache que todos os brancos inevitavelmente se beneficiam do contrato racial (queiram ou não), ele sustenta que apenas alguns brancos efetivamente firmaram a manutenção do contrato. Alguns desses signatários defendem abertamente as ideias supremacistas brancas e trabalham com afinco para negar às pessoas de pele escura seus direitos básicos. Outros signatários, embora não (oficialmente) subscrevam ideais racistas, aceitam de bom grado as vantagens de sua branquitude e pouco ou nada fazem para ajudar a desmantelar o regime racial. Mills não está condenando as pessoas simplesmente por serem brancas; tampouco pensa que a aceitação passiva dos benefícios da supremacia branca, por si só, faz com que alguém seja passível de culpa. Ele chama a atenção para a cumplicidade em regimes de dominação racial, uma cumplicidade que às vezes assume a forma de indiferença e ignorância voluntária da subordinação racial passada e contínua. Mas o outro — e mais esperançoso — lado desse aspecto é que os brancos que se tornaram conscientes do contrato racial podem se recusar a assiná-lo, podem se rebelar contra aqueles que optam por mantê-lo e procuram se beneficiar dele. Eles podem se juntar aos povos de pele mais escura do globo na luta gloriosa, embora prolongada, para anular o contrato.

Embora eu concorde com muitas das críticas que Mills faz à filosofia política, devo confessar que não endosso todas elas.

Prólogo

Em particular, não aceito sua crítica à teoria ideal, pelo menos não em todos os seus detalhes. No entanto, este não é o lugar para explorar nossos desacordos.[3] Contudo, há uma crítica que eu costumava fazer a este livro que no momento acho estar fora de lugar. Mills exagera as falhas e os fracassos da filosofia política contemporânea. Este ainda é meu julgamento bem refletido. Mas agora eu suspeito que tal hipérbole tenha sido necessária para chamar a atenção para um assunto tão lamentável e indesculpavelmente negligenciado nesse subcampo. Talvez fosse necessário tratar o viés cognitivo e os pontos cegos que Mills corretamente identificou na disciplina. Afinal, ele tentava efetuar uma mudança gestáltica e desestabilizar um paradigma reinante. Além disso, usava uma técnica subversiva extraída da prática vernácula negra de humor e performance cômica, zombando do grupo dominante e do poderoso lançando mão de exageros e generalizações. Ele escrevia contra a corrente, contra as expectativas dominantes e, até mesmo, às vezes transgredia as normas acadêmicas.

Essas estratégias polêmicas e esse talento retórico negro deram fruto, criando um texto clássico que já influenciou mais de uma geração de pensadores que refletem sobre os limites da teoria política dominante e o problema contínuo do racismo. Está claro para mim agora que Mills tem uma voz distinta, com o poder de alcançar muitos. Então, dou as boas-vindas a esta nova edição de *O contrato racial*. E espero sinceramente que o livro instigue outros filósofos (e outras pessoas com a mesma inclinação) a se juntarem à luta conceitual.

Prefácio
O contrato racial: O velho é novo de novo

"Professor Mills, estou escrevendo apenas para dizer que *O contrato racial* mudou minha vida." A minha também. Recebi muitas dessas cartas ao longo dos anos, vindas de estudantes de pele escura que me enviaram e-mails do nada para me informar a respeito do impacto que meu livro teve sobre eles. *O contrato racial* fez vibrar uma corda que ainda ressoa décadas depois. De fato, considerando que estou escrevendo isto na esteira das massivas manifestações globais contra o racismo provocadas pela morte de George Floyd pelas mãos da polícia de Minneapolis, sua maior influência pode estar ainda mais adiante. Um livro que começa com a declaração um dia tão provocativa, *Supremacia branca é o sistema político não nomeado que fez do mundo moderno o que ele é hoje*, não parece mais tão ultrajante. Nem protestos internacionais contra o legado do colonialismo europeu, o imperialismo, a escravização racial e os estados colonizadores brancos excludentes; tampouco as demandas para reformar os currículos ocidentais e os sistemas educacionais que fomentam uma perigosa "ignorância branca" sobre o passado e o presente; e os chamados pelo fim da dominação branca estrutural e da injustiça racial — de repente, tornou-se muito mais difícil negar a precisão da imagem pintada por este pequeno livro há 25 anos.

Estou seguindo uma longa linhagem de intelectuais negros, trabalhando em várias disciplinas, que esperavam que seus escritos ajudassem a criar uma sociedade melhor. Na filosofia, há muitas concepções de filósofos e tarefas filosóficas, do humilde suboperário (Locke) ao ambicioso construtor de sistemas (Friedrich Hegel), de uma disciplina que deixa tudo como está (Ludwig Wittgenstein) a outra que visa mudar o mundo (Marx). Mas a tradição radical negra internacional sempre esteve inabalavelmente comprometida com esta última.[1] Muito antes do nascimento de Karl Marx, a diáspora forçada da escravidão africana deu origem a uma comunidade de pessoas racialmente oprimidas que procurava analisar de forma crítica sua opressão, compreendê-la e, finalmente, acabar com ela. Na formulação de Leonard Harris, a filosofia afro-americana (e, em grande medida, a filosofia africana e afro-diaspórica moderna) é uma "filosofia nascida da luta".[2] A sala de aula e o painel de conferência são cenários locacionais relativamente recentes desse discurso revolucionário; o ambiente original era o das senzalas. Nas suas melhores versões, a tradição radical negra não tem sido estreitamente nacionalista, mas declarou sua solidariedade aos subordinados em toda parte.

Assim, ao contrário dos principais filósofos brancos, particularmente na tradição analítica, que se apresentam como pensadores desinteressados abordando questões atemporais sem qualquer necessidade de atenção às circunstâncias contingentes, eu vejo a disciplina como corporificada e socialmente inserida. O contrato racial é moldado tanto pela experiência negra quanto pela minha identidade específica como jamaicano, depois como jamaicano-americano, porque eu migrei para os Estados Unidos, a fim de me tornar parte do pequeno mas resoluto grupo de filósofos negros (ainda apenas 1% da profissão). A perspectiva internacional manifestada no livro desde pronto me veio à mente. Se você é de uma pequena nação do Sul Global com menos de 3 milhões de pessoas, é mais difícil acreditar que você está no centro do mundo (embora alguns jamaicanos tenham tentado ao máximo) e ignorar as forças internacionais que determinaram os contornos daquele mundo. De fato, a própria formação da Jamaica no período moderno é resultado do imperialismo europeu. Xaymaca (o nome ameríndio taíno original) foi invadida e conquistada por Cristóvão Colombo em 1494. A população indígena foi dizimada, e uma economia escrava se estabeleceu através da importação de povos africanos capturados. Os espanhóis foram posteriormente expulsos pelos britânicos, na década de 1650, e a escravização em larga escala foi instituída, tornando o país uma das possessões escravas mais lucrativas da Grã-Bretanha (uma "colônia de exploração" na qual os brancos eram basicamente supervisores externos, ao contrário das colônias de assentamento branco europeu, como os Estados Unidos, marcadas pela imigração europeia massiva). A escravidão foi finalmente abolida ao longo de quatro anos, começando em 1834, mas a Jamaica permaneceria uma colônia britânica até 1962. E as ideologias racistas da superioridade europeia justificaram esses sistemas de dominação ao longo de centenas de anos.

De modo nada surpreendente, então, a recém-independente Jamaica em que fui criado envolveu-se em intensos debates políticos sobre a questão do colonialismo e seu legado para a Jamaica pós-colonial (ou aquilo foi, na verdade, neocolonial?). Além disso, sob o governo social-democrata dos anos 1970, de Michael Manley, a Jamaica não apenas tentava reformar sua estrutura socioeconômica piramidal branca/parda/preta herdada, mas também desempenhava um papel fundamental no cenário mundial; junto com outras nações do Sul Global, tentou criar uma Nova Ordem Econômica Internacional. Deixando a atmosfera política de estufa, mergulhada nos debates radicais anglo-caribenhos da época, fiquei, portanto, completamente surpreso ao ser apresentado à filosofia política dominante no trabalho de John Rawls quando comecei meu doutorado na Universidade de Toronto. Sua prescrição em *Uma teoria da justiça*, de que deveríamos pensar a sociedade como, de fato — não apenas idealmente —, "um empreendimento cooperativo para vantagem mútua", cujas regras são "projetadas para promover o bem daqueles que dele participam", me fez perceber que essas pessoas estavam trabalhando segundo um manual muito diferente![3]

Embora escrito muitos anos depois, *O contrato racial* deve ser visto como minha recusa enfática dessa conceituação. Com efeito, escrevi o livro que eu mesmo gostaria de ler ao tentar lidar pela primeira vez com a brancura ofuscante da disciplina. (Os muitos alunos que me enviam e-mails ainda enfrentam o mesmo problema.) Essa brancura deve ser entendida não apenas em termos de números e demografia profissional, não apenas como manifesta em comentários racistas sobre pessoas de pele escura no trabalho de figuras canônicas e na exclusão de pessoas de pele escura desse mesmo cânone, mas — em seu nível mais profundo e desafiador — no enquadramento conceitual e teórico de questões-chave. E, a fim de alcançar um público de massa para minha própria tentativa de reformulação, *O contrato racial* é meu caso de sucesso, tendo vendido várias vezes mais que meus outros cinco livros juntos, e constituindo quase metade do total de minhas citações no Google Acadêmico. Sua aceitação tem sido internacional e interdisciplinar. Ele foi aplicado, me disseram, às hierarquias comparativas de cor na Jamaica e em Barbados, à política na Índia pós-colonial, à dinâmica racial nacional e internacional de Israel/Palestina, ao racismo no Serviço Público Australiano e à "ignorância branca" no sistema educacional da Nova Zelândia (Aotearoa). Tem sido amplamente adotado nas salas de aula de disciplinas outras que não a filosofia: ciência política, sociologia, educação, relações internacionais, estudos afro--americanos, antropologia, história e direito.

Tendo concluído meu trabalho de doutorado no Canadá, acabei conseguindo um emprego nos Estados Unidos, juntando--me a um grupo comprometido de filósofos negros, em grande parte afro-americanos, que havia muito tempo estava engajado no mesmo projeto.

É difícil transmitir aos leitores mais jovens de hoje o quão diferente era a cena filosófica em meados da década de 1990. Publicavam-se livros sobre raça e filosofia afro-americana — tratando de justiça social, da tradição religiosa profética, do problema da "subclasse", de filosofia e escravidão e das tradições filosóficas afro-americanas —, mas ainda eram relativamente raros. Nem uma única editora tinha uma série sobre filosofia e raça ou filosofia afro-americana; hoje, pelo menos cinco delas têm. Nem havia compêndios ou guias para nenhum desses campos; agora existem pelo menos três.

Mas *Na casa de meu pai*, de Kwame Anthony Appiah, publicado em 1992, representou uma espécie de ponto de virada, embora não fosse necessariamente reconhecido como tal na época.[4] Na visão do colega filósofo negro Paul C. Taylor, o livro de Appiah foi o texto crucial para legitimar o estudo da raça e da filosofia africana e afro-diaspórica na filosofia dominante. Appiah não só tinha credenciais impecáveis de Oxbridge, mas também possuía uma formação técnica em filosofia analítica da linguagem. Como, para o bem ou para o mal, a filosofia analítica é a abordagem hegemônica na profissão, isso significava que raça e temas africanos e afro--diaspóricos se tornaram respeitáveis de uma forma que os tratamentos continentais não teriam sido capazes de fazer. Mas, embora o trabalho de Appiah tenha alcançado um público muito maior, suas conclusões não foram bem-vindas para a maioria dos filósofos negros. Sua posição sobre raça era evidentemente eliminativista — "A verdade é que não há raças" —, e ele era hostil à tradição política pan-africanista baseada na raça, por exemplo, nos escritos de William E. B. Du Bois, vendo-a como moralmente duvidosa e possivelmente até racista.[5] Em contraste, Lucius Outlaw, vindo da tradição da teoria crítica continental (embora criticando-a por negligenciar a raça) e há muito envolvido na luta de libertação dos negros americanos, insistiu na realidade e no significado sociopolítico da raça, articulados em seu livro *On Philosophy and Race* [Acerca de filosofia e raça].[6] Nos pequenos círculos filosóficos de pessoas interessadas em raça, a contenda Appiah-Outlaw seria reconhecida como o debate-chave do período, desenrolando-se em seminários e artigos de periódicos, para não mencionar uma explosão drástica na conferência sobre filosofia e raça em Rutgers, em 1994 (embora a paz e a civilidade tenham sido restauradas mais tarde — pergunte aos mais velhos os detalhes).

Claro que eu queria participar dessa conversa, mas como, exatamente? Minha simpatia estava definitivamente com Outlaw, se não com sua linguagem. Fui treinado como filósofo analítico e continuo a me considerar como tal, embora minha abertura para os insights da história, da sociologia, da ciência política — e aquela fatia da filosofia continental que consigo entender — tenha feito de mim um suspeito, ou talvez simplesmente um renegado, perante muitos olhos analíticos. O desafio, como eu o via, era tornar a filosofia política analítica mais sócio-historicamente responsável: como isso poderia ser alcançado? *O contrato racial* pode ser pensado como uma intervenção filosófica negra que toma o eminentemente respeitável aparato político da teoria do contrato social e tenta adaptá-lo de forma radical a fim de trazer a raça para a discussão. Em vez do discurso branco segregado da filosofia política analítica dominante da época, eu defendia um novo enquadramento que reconhecesse as realidades políticas que marcam a experiência das pessoas de pele escura na modernidade. Sim, raça realmente existe, se não biologicamente, pelo menos como uma construção social com uma realidade social; e sim, raça em geral e dominação branca em particular têm sido fundamentais para construir o mundo moderno; então, sim, nós podemos — e devemos — desenvolver uma filosofia política informada por essas realidades, e, é claro, que evite o racismo.

Minhas raízes jamaicanas e minhas simpatias internacionais afro-caribenhas encontraram uma maneira de se expressar, em solidariedade e diálogo com a tradição radical negra americana, em um livro sintetizador (e nos trabalhos posteriores). Nele, eu reivindico uma posição que comecei recentemente a chamar de liberalismo radical negro, que pretende integrar um repensar antirracista amplamente revisionista do liberalismo para os progressistas.[7] E, de fato, Tommie Shelby, autor do prólogo desta edição, sugere em seu *Dark Ghettos: Injustice, Dissent, and Reform* [Guetos sombrios: injustiça, dissidência e mudança], que, embora receba nomes diferentes, essa é uma posição, ou um conjunto de posições, historicamente adotada por muitos pensadores políticos negros.[8] Embora Shelby e eu possamos discordar sobre os detalhes, particularmente em nossas leituras de Rawls, concordamos no quadro geral. (Para um paralelo com o mundo dos estudos de gênero, pense nas muitas variedades diferentes do liberalismo feminista.)[9] A ideia é recuperar o liberalismo de uma forma sensível à raça, levando em conta as críticas feministas negras. O trabalho de Shatema Threadcraft, por exemplo, enfatiza a necessidade de desenvolver os conceitos de opressão racial e da correspondente justiça racial corretiva que reconheçam a natureza interseccional de ambos, como a violação histórica dos direitos reprodutivos das mulheres negras.[10]

Aqui está minha própria versão desse projeto. O liberalismo radical negro é necessária, íntima e criticamente engajado nas tradições políticas europeias e euro-americanas "brancas". De fato, falar delas como tradições completamente separadas se arrisca a reificá-las como entidades claramente distintas, mapeando territórios diferentes, quando, claro, todo o objetivo da tradição negra/africana e afro-diaspórica é oferecer uma cartografia revisionista do mesmo território. Não é uma questão de mundos políticos diferentes, mas de perspectivas hegemônicas e subalternas sobre o "mesmo" mundo político — embora experimentado e visto de forma muito diferente das posições de privilégio social e subordinação social.

Estão aí envolvidos, assim, tanto um aspecto descritivo quanto um normativo: o redesenhar de fronteiras-padrão e de diferenciações internas do espaço político; e o levantamento de questões normativas tipicamente ignoradas ou, de modo mais forte, prontamente rejeitadas pela ordem hegemônica. As nações liberais do Ocidente e aqueles países sobre os quais impuseram seu liberalismo, que Rawls nos exorta a pensar como empreendimentos cooperativos para vantagem mútua, eram estados supremacistas brancos. O racismo não era uma anomalia, mas estava constitutivamente incorporado em suas "estruturas básicas" (para citar Rawls) como potências coloniais e imperiais, colônias de exploração, sociedades de escravidão racial e estados colonizadores brancos. Mas, como a supremacia branca não é reconhecida (uma evasão descritiva/conceitual), a justiça racial é tematicamente marginalizada (uma evasão normativa/prescritiva). O resultado? A teoria da justiça social liberal do Ocidente branco do último meio século.

Minha alegação, então, é que, conforme empregada de maneira-padrão, a metáfora do contrato social da teoria política ocidental revivida por Rawls da década de 1970 em diante não é nem remotamente um aparato neutro para representar essas realidades, mas é um aparato tendencioso e, de modo profundo, teoricamente enviesado. Em vez disso, precisamos trabalhar com a metáfora concorrente e mais útil de um "contrato de dominação", seja para raça, como no contrato racial, ou em outros contextos.[11] Assim, seremos capazes de nos envolver com as linhagens mais influentes do discurso liberal e, ao mesmo tempo, dar voz às pessoas de pele escura vitimadas pela dominação racial do Ocidente e pela consequente injustiça racial. A questão da justiça social, então, se torna princípalmente uma questão de justiça corretiva: como desmantelamos a estrutura básica racializada criada pelo contrato racial?[12] Em vez de estarem isolados em um mundo conceitual separado, os textos políticos de pessoas de pele escura enraizados em sua longa história de lutas anti-imperialistas, anticoloniais, abolicionistas, antiapartheid e antirracistas estão integrados em um espaço discursivo que aborda todos os mesmos problemas da teoria dominante, mas através de linhas de investigação racialmente informadas, e não racialmente evasivas.

Uma nova edição deste livro é ocasião para olhar para a frente, mas também para trás. Enquanto escrevo este prefácio, uma nova geração de filósofos e teóricos políticos está examinando os problemas da injustiça racial estrutural em escala global. Um mundo pós-Floyd não pode — espera-se — voltar ao esquecimento político do passado sobre a raça. Espero também que *O contrato racial* continue a servir como texto valioso para o avanço desse projeto. Embora haja motivos para otimismo, tem surgido uma reação contra a teoria racial crítica e a filosofia crítica da raça. Forças políticas poderosas em várias nações ocidentais — Estados Unidos, Grã-Bretanha e França, entre outros — veem esse trabalho como subversivo, ameaçando a ordem vigente.[13] E, de certa forma, claro, elas estão completamente corretas, considerando o estabelecimento dessa ordem sobre a dominação racial branca. A oposição a elas confirma a validade do diagnóstico de *O contrato racial* — de que o liberalismo foi e é racializado, baseado na exclusão, e de que haverá resistência à inclusão substantiva das pessoas de pele escura. Somente admitindo e confrontando essa realidade o contrato racial pode ser desfeito. A luta pela justiça racial continua, mas a luta contra ela também.

O contrato racial

When white people say "Justice", they mean "Just us".
[Quando as pessoas brancas dizem "justiça", querem dizer "apenas nós".]

AFORISMO POPULAR NEGRO AMERICANO

Introdução

SUPREMACIA BRANCA É O SISTEMA POLÍTICO não nomeado que fez do mundo moderno o que ele é hoje. Você não encontrará esse termo em textos introdutórios, ou mesmo avançados, de teoria política. Um curso-padrão de graduação em filosofia começará com Platão e Aristóteles, talvez diga algo sobre Agostinho, Tomás de Aquino e Maquiavel, passará para Hobbes, Locke, John Stuart Mill e Marx, e então terminará com John Rawls e Robert Nozick. Irá apresentar a você noções de aristocracia, democracia, absolutismo, liberalismo, governo representativo, socialismo, capitalismo de bem-estar social e libertarismo. Mas, embora cubra mais de 2 mil anos de pensamento político ocidental e percorra a gama ostensiva de sistemas políticos, não haverá menção ao sistema político básico que moldou o mundo nas últimas centenas de anos. E essa omissão não é acidental. Em vez disso, reflete o fato de que os livros e cursos-padrão foram, em sua maioria, escritos e elaborados por brancos, que tacitamente assumiram seu privilégio racial a tal ponto que nem sequer o veem como *político*, como uma forma de dominação. Ironicamente, o sistema político mais importante da história global recente — o sistema de dominação através do qual os brancos historicamente governaram e, em certos aspectos importantes, continuam a governar pessoas não brancas — não é visto de maneira alguma como um

33

sistema político. Ele é apenas pressuposto; é o cenário contra o qual outros sistemas, que nós *deveríamos* ver como políticos, se destacam. Este livro é uma tentativa de redirecionar seu olhar, de fazer você ver o que, de certa forma, sempre esteve lá.

A filosofia tem permanecido notavelmente intocada pelos debates sobre multiculturalismo, reforma do cânone e diversidade étnica que atormentam a academia; demográfica e conceitualmente, é uma das mais "brancas" das ciências humanas. Pessoas negras, por exemplo, constituem apenas cerca de 1% dos filósofos nas universidades norte-americanas — cerca de cem pessoas em mais de 10 mil —, e há menos ainda filósofos latinos, asiático-americanos e nativos americanos.[1] Certamente, essa sub-representação em si precisa de uma explicação e, em minha opinião, ela pode ser atribuída em parte a uma matriz conceitual e um repertório-padrão de preocupações cuja abstração tipicamente omite, em vez de incluir genuinamente, a experiência das minorias raciais. Uma vez que mulheres (brancas) têm a vantagem demográfica numérica, é claro que há muito mais filósofas na profissão do que filósofos não brancos (embora ainda não sejam proporcionais à porcentagem de mulheres da população), e elas tiveram um progresso muito maior no desenvolvimento de conceituações alternativas. Aqueles filósofos afro-americanos que trabalham na teoria moral e política tendem a produzir um trabalho geral indistinguível daquele de seus pares brancos ou a se concentrar em questões locais (ação afirmativa, a "subclasse" negra) ou figuras históricas (W. E. B. Du Bois, Alain Locke) de uma forma que não se engaja agressivamente com o debate mais amplo.

O que é necessário é um quadro teórico global para situar as discussões de raça e racismo branco e, assim, desafiar os pres-

Introdução

supostos da filosofia política branca, que corresponderia à articulação das teóricas feministas acerca da centralidade do gênero, do patriarcado e do machismo na teoria moral e política tradicional. O que é necessário, em outras palavras, é um reconhecimento de que o racismo (ou, como argumentarei, a supremacia branca global) é *em si* um sistema político, uma estrutura particular de poder para um governo formal ou informal, para o privilégio socioeconômico e para normas de distribuição diferenciada de riquezas materiais e oportunidades, benefícios e responsabilidades, direitos e deveres. A noção de contrato racial é, sugiro, uma forma possível de fazer essa conexão com a teoria dominante, uma vez que usa o vocabulário e o aparato já desenvolvidos pelo contratualismo para mapear esse sistema não reconhecido. O vocabulário contratualista é, afinal, a língua franca política de nossos tempos.

Todos compreendemos a ideia de um "contrato", um acordo entre duas ou mais pessoas para fazer algo. O "contrato social" apenas amplia essa ideia. Se pensarmos nos seres humanos como começando em um "estado de natureza", isso sugere que eles então *decidem* estabelecer uma sociedade civil e um governo. O que nós temos, então, é uma teoria que fundamenta o governo no consentimento popular de indivíduos considerados iguais.[2]

Mas o contrato peculiar a que estou me referindo, embora baseado na tradição de contrato social que tem sido central para a teoria política ocidental, não é um contrato entre todos ("nós, o povo"), mas apenas entre as pessoas que contam, as pessoas que realmente são pessoas ("nós, os brancos"). Portanto, é um contrato racial.

O contrato social, seja na sua versão original, seja na sua versão contemporânea, constitui um poderoso conjunto de lentes para olhar a sociedade e o governo. Mas, em seu obscurecimento das realidades desagradáveis sobre poder e dominação de grupo, ele é, caso não complementado, uma explicação profundamente enganosa de como o mundo moderno realmente é e veio a ser. O "contrato racial" como uma teoria — uso aspas para indicar quando estou falando sobre a teoria do contrato racial, em contraste com o contrato racial propriamente dito — explicará que o contrato racial é real e que as violações racistas aparentes dos termos do contrato social na verdade *sustentam* os termos do contrato racial.

O "contrato racial", então, pretende ser uma ponte conceitual entre duas áreas que estão segregadas demais uma da outra: por um lado, o mundo das correntes dominantes (isto é, brancas) da ética e da filosofia política, preocupadas com as discussões de justiça e direitos em abstrato, e, por outro lado, o mundo do pensamento político nativo americano, afro-americano e terceiro e quarto-mundista,[3] historicamente focado em questões de conquista, imperialismo, colonialismo, povoamento branco, direito à terra, raça e racismo, escravidão, *jim crow*, reparação, apartheid, autenticidade cultural, identidade nacional, *indigenismo*, afrocentrismo etc. Essas questões dificilmente aparecem na filosofia política dominante,[4] mas têm sido centrais nas lutas políticas da maioria da população mundial. Sua ausência do que é considerado filosofia séria é um reflexo não de sua falta de seriedade, mas da cor da vasta maioria dos filósofos acadêmicos ocidentais (e talvez da falta de seriedade destes).

A grande virtude da teoria do contrato social tradicional era fornecer respostas aparentemente diretas tanto a questões factuais sobre as origens e o funcionamento da sociedade e do governo quanto a questões normativas sobre a justificação de estruturas socioeconômicas e das instituições políticas. Além disso, o "contrato" era muito versátil, dependendo de como os diferentes teóricos viam o estado de natureza, a motivação humana, os direitos e liberdades a que as pessoas renunciavam ou os que retinham, os detalhes particulares do acordo e o caráter resultante do governo. Na versão rawlsiana moderna do contrato, essa flexibilidade continua a ser ilustrada, uma vez que Rawls dispensa as reivindicações históricas do contratualismo clássico e concentra-se, em vez disso, na justificação da estrutura básica da sociedade.[5] Desde o seu apogeu, de 1650 a 1800, como uma grande explicação quase antropológica das origens e do desenvolvimento da sociedade e do Estado, o contrato agora se tornou apenas uma ferramenta normativa, um dispositivo conceitual para trazer à tona nossas intuições sobre justiça.

Mas meu uso é diferente. O "contrato racial" que eu emprego está, em certo sentido, mais de acordo com o espírito dos contratualistas clássicos — Hobbes, Locke, Rousseau e Kant.[6] Eu o uso não meramente de maneira normativa, para gerar juízos sobre justiça e injustiça social, mas de forma descritiva, para explicar a gênese efetiva da sociedade e do Estado, a maneira na qual a sociedade está estruturada, a maneira como o governo funciona e a psicologia moral das pessoas.[7] O caso mais famoso em que o contrato é usado para *explicar* uma sociedade manifestamente não ideal, o que seria denominado no jargão filosófico atual uma explicação "naturalizada", é o *Discurso sobre a origem da desigualdade entre os homens*, de Rousseau (1755). Rousseau defende que o desenvolvimento tecnológico no estado de natureza dá origem a uma sociedade nascente de crescentes desigualdades de riqueza entre ricos e pobres, que são então consolidadas e tornadas permanentes por um "contrato social" enganador.[8] Enquanto o contrato ideal explica como uma sociedade justa seria formada, governada por um governo moral e regulada por um código moral defensável, esse contrato não ideal/naturalizado explica como uma sociedade injusta, *exploradora*, governada por um governo *opressivo* e regulada por um código *imoral* vem a existir. Se o contrato ideal deve ser endossado e emulado, esse contrato não ideal/ naturalizado deve ser desmistificado e condenado. Assim, o motivo de analisar o contrato não ideal não é ratificá-lo, mas usá-lo para explicar e expor as iniquidades do regime não ideal real e nos ajudar a ver além das teorias e das justificações morais oferecidas em sua defesa. Ele nos dá uma espécie de visão de raio-X da lógica interna real do sistema sociopolítico. Assim, realiza um trabalho normativo para nós, não por meio de seus próprios valores, que são detestáveis, mas permitindo-nos compreender a história real do regime político e como esses valores e conceitos funcionaram para racionalizar a opressão, para que possamos reformá-los.

O provocativo trabalho feminista de Carole Pateman de uma década atrás, *O contrato sexual*, é um bom exemplo dessa abordagem (e foi a inspiração para meu livro, embora meu uso seja um pouco diferente); sua existência demonstra quanto de vida descritiva/explicativa ainda há no contrato.[9] Pateman o usa naturalisticamente, como uma maneira de modelar a dinâmica interna das sociedades não ideais dominadas por homens, que de fato existem nos dias de hoje. Portanto, esse é, como indicado, um retorno à abordagem "antropológica"

Introdução 39

original na qual o contrato é pretendido como historicamente explicativo. Mas a reviravolta é, obviamente, que seu propósito agora é subversivo: o de desenterrar o pacto masculino oculto e injusto sobre o qual o contrato social ostensivamente neutro, no que diz respeito a gênero, de fato repousa. Ao olhar para a sociedade ocidental e suas ideologias políticas e morais predominantes como se fossem baseadas em um "contrato sexual" inconfesso, Pateman oferece uma "história conjectural" que revela e expõe a lógica normativa que dá sentido às inconsistências, circunlocuções e subterfúgios dos teóricos clássicos do contrato e, correspondentemente, do mundo de dominação patriarcal que seus trabalhos ajudaram a racionalizar.

Meu objetivo aqui é adotar um contrato não ideal como um dispositivo retórico e um método teórico para compreender a lógica interna da dominação *racial* e como ela estrutura os regimes políticos ocidentais e de outros lugares. O "contrato social" ideal tem sido um conceito central da teoria política ocidental para compreender e avaliar o mundo social. E conceitos são cruciais à cognição: cientistas cognitivos indicam que eles nos ajudam a categorizar, aprender, lembrar, inferir, explicar, resolver problemas, generalizar, fazer analogias.[10] Do mesmo modo, a *falta* de conceitos apropriados pode impedir a aprendizagem, interferir na memória, bloquear inferências, obstruir explicações e perpetuar problemas. Estou sugerindo, então, que, como um conceito central, a noção de um contrato racial pode ser mais reveladora do caráter real do mundo em que estamos vivendo e das deficiências históricas correspondentes de suas teorias e práticas normativas do que as noções destituídas de raça que são atualmente dominantes na teoria política.[11] Tanto no nível preliminar de uma conceitualização alternativa dos fatos quanto no nível secundário (reflexivo) de uma análise crítica das próprias teorias ortodoxas, o "contrato racial" nos permite lidar com a teoria política ocidental dominante para trazer a raça para o debate. À medida que o contratualismo é pensado como uma maneira útil de se fazer filosofia política, de teorizar sobre como o regime político foi criado e quais valores deveriam guiar nossas prescrições para torná-lo mais justo, é obviamente crucial compreender o que o "contrato" original e continuado realmente era e é, para que possamos corrigi-lo na construção do "contrato" ideal. O "contrato racial" deveria portanto ser entusiasticamente bem-recebido também por contratualistas brancos.

Assim, este livro pode ser pensado como se apoiando em três afirmações simples: a afirmação existencial — a supremacia branca, tanto local quanto global, existe e tem existido por muitos anos; a afirmação conceitual — a supremacia branca deve ser ela mesma pensada como um sistema político; a afirmação metodológica — enquanto sistema político, a supremacia branca pode, de forma esclarecedora, ser teorizada como baseada em um "contrato" entre brancos, um contrato racial.

Aqui, então, estão dez teses sobre o contrato racial, divididas em três capítulos.

1. Visão geral

COMEÇAREI COM UMA VISÃO GERAL do contrato racial, destacando suas diferenças e semelhanças em relação ao contrato social clássico e contemporâneo. O contrato racial é político, moral e epistemológico; o contrato racial é real; e, economicamente, ao determinar quem fica com o quê, o contrato racial é um contrato de exploração.

O contrato racial é político, moral e epistemológico

O "contrato social", na verdade, são vários contratos em um. Os contratualistas contemporâneos geralmente diferenciam, para começar, o contrato *político* e o contrato *moral*, antes de fazer distinções (subsidiárias) entre ambos. Afirmo, no entanto, que o contrato social ortodoxo também pressupõe tacitamente um contrato "epistemológico", e, para o contrato racial, é crucial tornar isso explícito.

O contrato político é uma explicação sobre as origens do governo e de nossas obrigações políticas para com ele. A distinção subsidiária às vezes feita no contrato político é entre o contrato para estabelecer a *sociedade* (desse modo, retirando indivíduos "naturais" pré-sociais do estado de natureza e reconstruindo-os e constituindo-os como membros de um corpo coletivo) e o

41

contrato para estabelecer o *Estado* (desse modo, transferindo totalmente, ou delegando em uma relação de confiança, os direitos e poderes que temos no estado de natureza para uma entidade governante soberana).[1] O contrato moral, por outro lado, é a base do código moral estabelecido para a sociedade, pelo qual os cidadãos devem regular seu comportamento. A distinção subsidiária aqui é entre duas interpretações (a serem discutidas) da relação entre o contrato moral e a moralidade do estado de natureza. Nas versões modernas do contrato, sobretudo na de Rawls, é claro, o contrato político em grande parte desaparece, porque a antropologia moderna há muito substituiu as histórias da origem social ingênua dos contratualistas clássicos. O foco é, então, quase exclusivamente no contrato moral. Este não é concebido como um evento histórico real que ocorreu ao se deixar o estado de natureza. Em vez disso, o estado de natureza sobrevive apenas na forma atenuada do que Rawls chama de "posição original", e o "contrato" é um exercício puramente hipotético (um experimento mental) para estabelecer o que seria apenas uma "estrutura básica", com uma tabela de direitos, deveres e liberdades que moldam a psicologia moral dos cidadãos, concepções de direito, noções de respeito próprio etc.[2]

Já o contrato racial — e o "contrato racial" como teoria, isto é, o exame crítico e distanciado do contrato racial — segue o modelo clássico de ser ao mesmo tempo sociopolítico e moral. Ele explica como a sociedade foi criada ou crucialmente transformada, como os indivíduos nessa sociedade foram reconstituídos, como o Estado foi estabelecido e como um código moral particular e uma certa psicologia moral surgiram. (Como já enfatizei, o "contrato racial" busca uma explicação para a maneira como as coisas são e como elas vieram a ser dessa forma — o descritivo —, bem como a maneira como deveriam ser — o normativo —, uma vez que, de fato, uma de suas queixas sobre a filosofia política branca é precisamente seu caráter sobrenatural, o fato de ignorar as realidades políticas básicas.) Mas o contrato racial, como veremos, também é epistemológico, prescrevendo normas de cognição às quais seus signatários devem aderir. Uma caracterização preliminar seria mais ou menos a que segue.

O contrato racial é aquele conjunto de acordos ou meta-acordos formais ou informais (contratos de nível superior *sobre* contratos, que estabelecem os limites de validade dos contratos) entre os membros de um subconjunto de seres humanos, doravante designados por (mutáveis) critérios "raciais" (fenotípicos/genealógicos/culturais) C1, C2, C3..., como "branco" e coextensivos (levando em consideração a diferenciação de gênero), com a classe de pessoas plenas, para categorizar o subconjunto restante de seres humanos como "não brancos" e com um status moral diferente e inferior, subpessoas, de modo que tenham uma posição civil subordinada em regimes políticos brancos ou governados por brancos que os brancos já habitam ou estabelecem; ou em transações com esses regimes na condição de estrangeiros, com as regras morais e jurídicas que normalmente regulam o comportamento dos brancos em suas relações uns com os outros, não se aplicando de maneira alguma em relações com não brancos ou aplicando-se apenas de forma qualificada (dependendo em parte da mudança das circunstâncias históricas e de qual variedade particular de não brancos está envolvida); mas, de qualquer modo, o objetivo geral do contrato é sempre criar um privilégio diferencial dos brancos como grupo em relação aos não brancos como grupo, a exploração de seus corpos, terras e recursos e a negação de oportunidades socioeconômicas iguais para eles. Todos os brancos são *beneficiários* do contrato, embora alguns brancos não sejam *signatários* dele.[3] Será óbvio, portanto, que o contrato racial não é um contrato para o qual o subconjunto não branco de humanos possa ser uma parte genuinamente concordante (embora, dependendo novamente das circunstâncias, às vezes possa ser prudente fingir que esse é o caso). Em vez disso, é um contrato entre aqueles categorizados como brancos *sobre* os não brancos, que são, portanto, os objetos e não os sujeitos do acordo.

A lógica do contrato social clássico, político, moral e epistemológico sofre então uma refração correspondente, e portanto com mudanças nos termos e princípios-chave.

Politicamente, o contrato, para estabelecer a sociedade e o governo, transformando assim "homens" abstratos, sem raça, de habitantes do estado de natureza em criaturas sociais politicamente sujeitas a um Estado neutro, torna-se a fundação de um *regime político racial*, seja como Estados coloniais brancos (onde as populações preexistentes já são ou podem se tornar dispersas) ou como o que às vezes é chamado de "colônias de peregrinos",* o estabelecimento de uma presença branca e de

---

* O termo utilizado no original, *sojourner colonies*, remete à classificação introduzida por A. Grenfell Price em 1963 no livro *The Western Invasions of the Pacific and Its Discontents*. Na obra, citada por Mills na nota 35 deste capítulo, Price critica a classificação das colônias em colônias de povoamento ou de exploração. Em substituição, sugere critérios demográficos, de acordo com os quais os colonizadores seriam classificados como "ocupantes migrantes" (*migrant settlers*) e "peregrinos migrantes" (*migrant sojourners*). Os últimos estabeleceriam as colônias de peregrinos (*sojourner colonies*), caracterizadas por grande população nativa subjugada — mas não eliminada — e explorada pelos colonizadores. (N. T.)

um domínio colonial sobre as sociedades existentes (que são um pouco mais populosas ou cujos habitantes são mais resistentes a serem dispersados). Além disso, a mãe-pátria colonizadora também é modificada por sua relação com esses novos regimes, de modo que seus próprios cidadãos são modificados.

No contrato social, a metamorfose humana crucial é do homem "natural" para o homem "civil/político", do residente do estado de natureza para o cidadão da sociedade criada. Essa mudança pode ser mais ou menos extrema, dependendo do teórico envolvido. Para Rousseau, é uma transformação dramática, pela qual criaturas de apetite e instinto animalescos tornam-se cidadãos submetidos à justiça e a leis autoprescritas. Para Hobbes, é um arranjo um pouco mais casual, no qual as pessoas que se preocupam principalmente consigo mesmas aprendem a restringir seus próprios interesses para o seu próprio bem.[4] Mas em todos os casos, o "estado de natureza" original supostamente indica a condição de *todos* os homens, e a metamorfose social afeta todos da mesma maneira.

No contrato racial, por outro lado, a metamorfose crucial é a partição conceitual preliminar e a correspondente transformação de populações humanas em homens "brancos" e "não brancos". O papel desempenhado pelo "estado de natureza" torna-se então radicalmente diferente. No estado colonial branco, seu papel não é primordialmente o de demarcar o estado (temporariamente) pré-político de "todos" os homens (que são realmente brancos), mas sim o estado pré-político permanente, ou, melhor ainda, o estado *não* político (dado que "pré" sugere eventual movimento interno em direção a algo) de homens não brancos. O estabelecimento da sociedade, portanto, implica a negação de que uma sociedade já existisse; a criação da sociedade *requer* a intervenção de homens brancos, que são posicionados como seres *já* sociopolíticos. Homens brancos que já são (por definição) parte da sociedade encontram não brancos que não o são, que são habitantes "selvagens" de um estado de natureza caracterizado em termos de natureza intocada, selva, terra inculta. Esses homens brancos os incorporam parcialmente à sociedade como cidadãos subordinados, ou os excluem em reservas, ou negam sua existência ou os exterminam. No caso colonial, sociedades reconhecidamente preexistentes, mas (por uma razão ou outra) deficientes (decadentes, estagnadas, corruptas), são dominadas e administradas em "benefício" dos nativos não brancos, considerados infantis, incapazes de se autogovernar e de cuidar de seus próprios assuntos, e, portanto, considerados apropriadamente como tutelados do Estado. Aqui, os nativos são geralmente caracterizados como "bárbaros", e não como "selvagens", com seu estado de natureza um pouco mais distante (embora, é claro, não tão remoto e perdido no passado — se é que este existiu, para começo de conversa — tal qual o estado de natureza dos europeus). Mas em tempos de crise a distância conceitual entre os dois, bárbaro e selvagem, tende a encolher ou a colapsar, pois essa distinção técnica dentro da população não branca é muito menos importante que a distinção *central* entre brancos e não brancos.

Em ambos os casos, então, ainda que de maneiras diferentes, o contrato racial estabelece um regime político racial, um Estado racial e um sistema jurídico racial nos quais o status de brancos e não brancos está claramente demarcado, seja por lei ou por costume. E o propósito desse Estado, em contraste com o Estado neutro do contratualismo clássico, é, inter alia, especificamente manter e reproduzir essa ordem racial, garantindo privilégios e vantagens dos cidadãos brancos plenos e mantendo a subordinação dos não brancos. De modo correspondente, o "consentimento" esperado dos cidadãos brancos é em parte conceituado como um consentimento, seja explícito ou tácito, à ordem racial, à Supremacia Branca, ao que se poderia chamar de branquitude. Se aqueles fenotípica/genealógica/culturalmente categorizados como brancos falham em cumprir as responsabilidades cívicas e políticas da Branquitude, estão abandonando seus deveres como cidadãos. Desde o início, então, raça não é de forma alguma uma "reflexão tardia", um "desvio" dos ideais ocidentais ostensivamente não racializados, mas sim um constituinte central da formação desses ideais.

Na tradição do contrato social, existem duas relações principais possíveis entre o contrato moral e o contrato político. Na primeira visão, o contrato moral representa uma moralidade objetivista *preexistente* (teológica ou secular) e, portanto, restringe os termos do contrato político. Essa é a visão encontrada em Locke e Kant. Em outras palavras, há um código moral objetivo no próprio estado de natureza, mesmo que não haja policiais e juízes para aplicá-lo. Portanto, qualquer sociedade, governo e sistema jurídico estabelecidos devem ser baseados nesse código moral. Na segunda visão, o contrato político *cria* a moralidade como um conjunto convencionalista de regras. Portanto, não há critério moral objetivo independente para julgar um código moral superior a outro ou para acusar de injusta uma moralidade estabelecida em uma sociedade. Nessa concepção, que é claramente atribuída a Hobbes, a moralidade é apenas um conjunto de regras para acelerar a busca racional e a coordenação de nossos próprios interesses sem entrar em conflito com aquelas outras pessoas que estão fazendo o mesmo.[5]

O contrato racial pode acomodar ambas as versões, mas como é a primeira versão (o contrato conforme descrito em Locke e Kant), em vez da segunda (o contrato conforme descrito em Hobbes), que representa a corrente dominante da tradição contratualista, eu me concentro na primeira.[6] Aqui, considera-se que o bom regime político se baseia em um fundamento moral preexistente. Obviamente, essa é uma concepção de sistema político muito mais atraente que a visão de Hobbes. O ideal de uma pólis objetivamente justa, a que devemos aspirar em nosso ativismo político, remonta, na tradição ocidental, a Platão. Na cosmovisão cristã medieval que continuou a influenciar o contratualismo até o período moderno, há uma "lei natural" imanente na estrutura do universo que supostamente nos dirige moralmente na busca desse ideal.[7] (Para as versões posteriores, as versões seculares do contratualismo, a ideia seria que as pessoas têm direitos e deveres, mesmo no estado de natureza, por sua natureza de seres humanos.) Portanto, é errado roubar, estuprar e matar no estado de natureza, mesmo que não haja leis humanas escritas dizendo que isso é errado. Esses princípios morais devem restringir as leis humanas que são criadas e os direitos civis que são atribuídos uma vez que se estabelece o regime político. Em parte, então, o contrato político simplesmente *codifica* uma moralidade já existente, registrando-a e preenchendo os detalhes, para que não tenhamos que confiar em um senso, ou consciência, moral divinamente implantado, cujas percepções podem às vezes ser distorcidas por interesse próprio. O que é certo e errado, justo e injusto na sociedade será amplamente determinado pelo que é certo e errado, justo e injusto no estado de natureza.

O caráter desse fundamento moral objetivo é, portanto, obviamente crucial. Para a corrente dominante da tradição contratualista, o fundamento é a *liberdade e a igualdade de todos os homens no estado de natureza*. Como Locke escreve no *Segundo tratado*: "Para entender corretamente o Poder Político e derivá-lo de seu Original, devemos considerar em que Estado todos os Homens estão naturalmente, e isso significa um *Estado de perfeita liberdade* para ordenar suas Ações. [...] Um *Estado* também *de Igualdade*, em que todos os Poderes e Jurisdições são recíprocos, ninguém tendo mais do que o outro".[8] Para Kant, da mesma forma, é a nossa pessoalidade* moral equivalente.[9] O contratualismo está (supostamente) comprometido com o igualitarismo moral, a igualdade moral de todos os homens, a noção de que os interesses de todos os homens importam da mesma maneira e de que todos os homens devem ter direitos iguais. Assim, o contratualismo também está comprometido com uma oposição fundacional e de princípio à ideologia hierárquica tradicionalista da velha ordem feudal, a ideologia do status inerente atribuído e da subordinação natural. É essa linguagem da igualdade que ecoa nas Revoluções Americana e Francesa, na Declaração de Independência e na Declaração dos Direitos do Homem. E é esse igualitarismo moral que deve ser mantido na alocação de direitos e liberdades na sociedade civil. Quando, em uma sociedade ocidental moderna,

---

* *Personhood* denota o caráter de ser uma pessoa. Mais adiante, o autor introduzirá a noção de subpessoalidade, derivada da noção de pessoalidade. (N. T.)

as pessoas insistem em seus direitos e liberdades e expressam sua indignação por não serem tratadas com igualdade, é para essas ideias clássicas que apelam.

Mas, como veremos em maiores detalhes depois, a moralidade codificada por cores do contrato racial restringe a posse dessa liberdade e dessa igualdade naturais aos homens *brancos*. Em virtude de seu não reconhecimento completo ou, na melhor das hipóteses, do reconhecimento míope, inadequado, dos deveres da lei natural, os não brancos são propriamente relegados a um degrau inferior na escada moral (a Grande Cadeia do Ser).[10] Eles são designados por terem nascido *não* livres e *des*iguais. Uma ontologia social particionada é, portanto, criada, um universo dividido entre pessoas e subpessoas raciais, *Untermenschen*, que podem ser negras, vermelhas, marrons, amarelas — pessoas escravizadas, aborígines, populações coloniais —, mas que são conhecidas propriamente como "raças sujeitadas". E essas subpessoas — *niggers, injuns, chinks, wogs, greasers, blackfellows, kaffirs, coolies, abos, clinks, googoos, gooks** — estão biologicamente destinadas a nunca penetrar no

---

* Na língua inglesa, esses termos são formas derrogatórias para se referir a diferentes grupos não brancos. Dada a especificidade contextual de cada termo e, em muitos casos, a ausência de um correlato em português, optamos por manter os termos originais. *Nigger* e *injun*, em particular, são palavras repetidamente usadas no texto. A primeira, que se refere a pessoas negras, em alguns trabalhos é traduzida como "neguinho" ou "crioulo". Aqui, manteremos o original por entender que as traduções não captam a ofensividade do termo *nigger*. Já a palavra *injun* é um termo antigo e derrogatório usado para se referir às populações nativas dos Estados Unidos. No caso de *brown*, preferimos "marrom" porque, a exemplo de "vermelho" e "amarelo", encerra numa cor a diversidade de grupos humanos racializados. Uma tradução alternativa seria "pardo", designação também cromática, mas que, no contexto brasileiro, é vinculada à ideia de mestiçagem, e não é usada para se referir a grupos como os vietnamitas, indianos ou árabes. (N. T.)

Visão geral

teto de direitos normativos estabelecido para elas abaixo dos brancos. Doravante, então, admitindo-se ou não, será pressuposto que as grandes teorias éticas propostas no desenvolvimento do pensamento moral e político ocidental são de escopo restrito, explícita ou implicitamente pretendidas por seus proponentes como restritas às pessoas, aos brancos. Os termos do contrato racial definem os parâmetros para a moralidade branca como um todo, de modo que as teorias contratualistas concorrentes de Locke e Kant sobre direitos e deveres naturais ou teorias anticontratualistas posteriores, como o utilitarismo do século XIX, são todas limitadas por estipulações desse contrato.

Por fim, o contrato racial requer sua própria epistemologia moral e empírica peculiar, suas normas e seus procedimentos para determinar o que conta como conhecimento moral e factual do mundo. Nas propostas-padrão contratualistas, não é comum falar da existência de um contrato "epistemológico", mas *há* uma epistemologia associada ao contratualismo, na forma de lei natural. Isso nos fornece uma bússola moral, seja na versão tradicional de Locke — a luz da razão implantada em nós por Deus para que possamos discernir o certo e o errado objetivos — ou na versão revisionista de Hobbes — a capacidade de avaliar o curso de ação objetivamente ótimo e o que ele exige de nós para uma cooperação autointeressada com os outros. Assim, por meio de nossas faculdades naturais, passamos a conhecer a realidade em seus aspectos tanto factuais quanto valorativos, como as coisas são objetivamente e o que nelas é objetivamente bom ou ruim. Sugiro que podemos pensar nisso como um consenso idealizado sobre normas cognitivas e, no que diz respeito a isso, uma espécie de acordo ou "contrato". Há um entendimento sobre o que conta como uma interpretação correta e objetiva do mundo e, ao concordar com essa visão, se concede ("contratualmente") pleno direito cognitivo no regime político, a comunidade epistêmica oficial.[11] Mas para o contrato racial as coisas são necessariamente mais complicadas. Os requisitos da cognição "objetiva", tanto factual quanto moral, em um regime racial são, em certo sentido, mais exigentes, visto que a realidade oficialmente sancionada é divergente da realidade efetiva. Portanto, aqui, pode-se dizer, há um acordo para interpretar *erroneamente* o mundo. É preciso aprender a ver o mundo de maneira errada, mas com a segurança de que esse conjunto de percepções equivocadas será validado pela autoridade epistêmica branca, seja ela religiosa ou secular.

Assim, com efeito, em questões relacionadas a raça, o contrato racial prescreve para seus signatários uma epistemologia invertida, uma epistemologia da ignorância, um padrão particular de disfunções cognitivas localizadas e globais (que são psicológica e socialmente funcionais), produzindo o resultado irônico de que os brancos, em geral, não serão capazes de compreender o mundo que eles próprios criaram. Parte do que significa ser construído como "branco" (a metamorfose do contrato sociopolítico), parte do que é necessário para alcançar a Branquitude, para se tornar uma pessoa branca com sucesso (imagina-se uma cerimônia com certificados reconhecendo o rito de passagem bem-sucedido: "Parabéns, você agora é uma pessoa branca oficial!"), é um modelo cognitivo que impede a autotransparência e a compreensão genuína das realidades sociais. Em um grau significativo, então, os signatários brancos viverão em um mundo delirante, inventado, uma terra de fantasia racial, uma "alucinação consensual", para citar a famosa caracterização do ciberespaço de William Gibson,

Visão geral 53

embora essa alucinação específica esteja localizada no espaço real.[12] Haverá mitologias brancas, Orientes inventados, Áfricas inventadas, Américas inventadas, com uma população correspondente forjada, países que nunca chegaram a ser, habitados por pessoas que nunca existiram — Calibã e Tonto, Man Friday e Sambo —, mas que alcançam uma realidade virtual através de sua existência em contos de viajantes, mitos folclóricos, ficção popular e erudita, relatos coloniais, teoria acadêmica, cinema de Hollywood, vivendo na imaginação branca e impostos com determinação sobre suas contrapartes alarmantes da vida real.[13] Pode-se dizer, então, como regra geral, que o *mal-entendido, a deturpação, a evasão e o autoengano brancos em questões relacionadas a raça* estão entre os fenômenos mentais mais difundidos das últimas centenas de anos, uma economia cognitiva e moral psiquicamente necessária para a conquista, colonização e escravização. E esses fenômenos não são de forma alguma *acidentais*, mas *prescritos* pelos termos do contrato racial, que exige um certo esquema de cegueiras e opacidades estruturadas para estabelecer e manter o regime político branco.

O contrato racial é uma realidade histórica

O contrato social em sua versão moderna há muito tempo desistiu de qualquer pretensão de ser capaz de explicar as origens históricas da sociedade e do Estado. Enquanto os contratualistas clássicos estavam envolvidos em um projeto descritivo e prescritivo, o contrato moderno, inspirado em Rawls, é um experimento mental puramente prescritivo. E mesmo o Contrato Sexual de Pateman, embora seu foco seja o real, e não o ideal, não pretende ser um relato literal do que os homens decidiram fazer nas planícies da Mesopotâmia em 4004 a.c. O que quer que explique o que Friedrich Engels uma vez chamou de "a *derrota histórica mundial do sexo feminino*"[14] — seja o desenvolvimento de um excedente econômico, como ele teorizou, ou a descoberta masculina da capacidade de estupro e a desvantagem feminina de ser a metade da espécie responsável pela gestação de crianças, como as feministas radicais argumentaram —, isso está claramente perdido na Antiguidade.

Em contraste, ironicamente, o contrato racial, até onde sei nunca explorado como tal, tem o melhor argumento para ser um fato histórico real. Longe de estar perdido nas brumas do tempo, ele é historicamente localizável, de forma evidente, na série de eventos que marcam a criação do mundo moderno pelo colonialismo europeu e pelas viagens de "descoberta", agora cada vez mais apropriadamente chamadas de expedições de conquista. Os quinhentos anos de Colombo há alguns anos, com seus debates, polêmicas, controvérsias, contraprotestos e uma enxurrada de literatura revisionista, confrontaram muitos brancos com o fato desconfortável, pouco discutido na teoria moral e política dominante, de que vivemos em um mundo que tem sido *fundamentalmente moldado nos últimos quinhentos anos pelas realidades da dominação europeia e pela consolidação gradual da supremacia branca global*. Assim, não só o contrato racial é "real", mas — enquanto caracteristicamente se considera que o contrato social estabeleceu a legitimidade do Estado-nação e codificou a moralidade e o direito dentro de seus limites — é *global*, envolvendo uma mudança tectônica da base ético-jurídica do planeta como um todo, a divisão do mundo, como Jean-Paul Sartre disse há muito tempo, entre "homens" e "nativos".[15]

Visão geral

Assim, os europeus emergem como "os senhores da espécie humana", os "senhores de todo o mundo", com o crescente poder de determinar a posição dos não europeus que são seus sujeitados.[16] Embora nenhum ato corresponda literalmente à elaboração e assinatura de um contrato, há uma série de atos — bulas papais e outros pronunciamentos teológicos; discussões europeias sobre colonialismo, "descoberta" e direito internacional; pactos, tratados e decisões legais; debates acadêmicos e populares sobre a humanidade dos não brancos; estabelecimento de estruturas jurídicas formalizadas de tratamento diferenciado; e rotinização de práticas ilegais ou quase legais informais efetivamente sancionadas pela cumplicidade do silêncio e da falha governamental em intervir e punir os perpetradores —, o que coletivamente pode ser visto, não apenas do ponto de vista metafórico, mas de modo próximo do literal, como seu equivalente conceitual, jurídico e normativo.

Anthony Pagden sugere que uma divisão dos impérios europeus em seus principais períodos temporais deve reconhecer "duas histórias distintas, mas interdependentes": a colonização das Américas, de 1492 à década de 1830, e a ocupação da Ásia, da África e do Pacífico, da década de 1730 até o período após a Segunda Guerra Mundial.[17] No primeiro período, para começar, foram a natureza e o status moral dos nativos americanos que tiveram que ser primariamente determinados, e depois o dos escravos africanos importados, cujo trabalho era necessário para construir esse "Novo Mundo". No segundo período, culminando no domínio colonial europeu formal sobre a maior parte do mundo no início do século XX, foi o caráter dos povos coloniais que se tornou crucial. Mas, em todos os casos, "raça" é o denominador conceitual comum que gradualmente passou a significar os respectivos status globais de superioridade e inferioridade, privilégio e subordinação. Há uma oposição de nós contra eles com múltiplas dimensões sobrepostas: europeus versus não europeus (geografia), civilizados versus incivilizados/selvagens/bárbaros (cultura), cristãos versus pagãos (religião). Mas todas essas dimensões acabaram se unindo na oposição *básica* de branco versus não branco.

Robert Williams, um jurista indígena lumbee, traçou a evolução da posição ocidental legal sobre os direitos dos povos nativos, desde seus antecedentes medievais até o início do período moderno, mostrando como essa evolução se baseia de modo consistente na suposição da "correção e necessidade de subjugar e assimilar outros povos à visão de mundo [europeia]".[18] Inicialmente, a estrutura intelectual era teológica, com inclusão e exclusão normativas manifestando-se como a demarcação entre cristãos e pagãos. Os poderes do papa sobre a *Societas Christiana*, a comunidade cristã universal, eram vistos como "estendendo-se não apenas a todos os cristãos dentro da comunidade universal, mas também sobre os pagãos e infiéis não regenerados", e essa política subscreveria as Cruzadas contra o Islã mas também as viagens posteriores para as Américas. Às vezes, os pronunciamentos papais concederam direitos e racionalidade aos não devotos. Como resultado do trato com os mongóis no século XIII, por exemplo, o papa Inocêncio IV "reconheceu que infiéis e pagãos possuíam o direito natural de eleger seus próprios líderes seculares", e o famoso *Sublimis Deus* (1537) do papa Paulo III afirmou que os nativos americanos eram seres racionais, que não deveriam ser tratados como "bestas estúpidas criadas para o nosso serviço", mas "como verdadeiros homens [...] capazes de compreender a fé católica".[19] Mas, como Williams aponta, essa segunda qualificação sempre foi crucial. Uma concepção de racionalidade eurocentrada tornou a ideia de racionalidade coextensiva à aceitação da mensagem cristã, de modo que a rejeição era prova de irracionalidade bestial. De modo ainda mais notável, no caso dos nativos americanos, essa aceitação deveria ser sinalizada por meio da concordância com o *requerimiento*, uma longa declaração lida para eles em voz alta, em uma língua que, claro, eles não entendiam, estabelecendo que, em caso de infração, uma guerra justa poderia ser legalmente·travada contra os indígenas.[20] Conforme escreveu um autor:

O *requerimiento* é o exemplo prototípico de *texto* justificador da conquista. Informando aos indígenas que suas terras foram confiadas por Cristo ao papa, e deste aos reis da Espanha, o documento oferece liberdade da escravidão para os indígenas que aceitassem o domínio espanhol. Mesmo que tenha sido inteiramente incompreensível para um não falante de espanhol, ler o documento fornecia justificativa suficiente para a desapropriação da terra e a escravização imediata do povo indígena. O famoso comentário de [Bartolomé de] Las Casas sobre o *requerimiento* foi que não se sabe se "se deve rir ou chorar do absurdo disso". [...] Embora pareça respeitar os "direitos", o *requerimiento*, de fato, os retira.[21]

Assim, as declarações da Igreja Católica legitimaram formalmente a conquista ou puderam ser facilmente contornadas onde houvesse uma barreira moral fraca *prima facie*.

O crescimento do Iluminismo e a ascensão do secularismo não *desafiaram* essa dicotomização estratégica (cristão/infiel), mas a traduziram em outras formas. Philip Curtin refere-se ao característico "excepcionalismo no pensamento europeu sobre o não Ocidente", "uma concepção do mundo amplamente baseada na autoidentificação e na identificação de 'outros povos'".[22] Da mesma forma, Pierre van den Berghe descreve a "dicotomização iluminista" das teorias normativas do período.[23] "Raça" gradualmente se tornou o marcador formal desse status diferenciado, substituindo a divisão religiosa (cuja desvantagem, afinal, era sempre poder ser superada por meio da conversão). Assim, uma categoria se cristalizou ao longo do tempo no pensamento europeu para representar entidades que são *humanoides*, mas não totalmente *humanas* ("selvagens", "bárbaros"), e que são identificadas como tal por serem membros do conjunto geral de raças não brancas. Influenciados pela antiga distinção romana entre os civilizados dentro e os bárbaros fora do império, a distinção entre os humanos completos e os questionáveis, os europeus estabeleceram um código moral de duas camadas com um conjunto de regras para brancos e outro para não brancos.[24]

De forma correspondente, várias doutrinas morais e legais foram propostas, as quais podem ser vistas como manifestações e instanciações específicas, adequadamente ajustadas às circunstâncias, do contrato racial mais abrangente. Tratava-se de contratos subsidiários específicos destinados a diferentes modos de exploração dos recursos e povos do resto do mundo pela Europa: o contrato de expropriação, o contrato de escravidão, o contrato colonial.

A "Doutrina da Descoberta", por exemplo, o que Williams identifica como o "princípio paradigmático que informa e determina o discurso jurídico europeu contemporâneo a respeito das relações com sociedades tribais ocidentais", foi fundamental para o contrato de expropriação.[25] O juiz da Suprema Corte americana Joseph Story descreveu-o como concedendo aos europeus

> um domínio absoluto sobre todos os territórios posteriormente ocupados por eles, não em virtude de conquista ou cessão pelos índios nativos, mas como um direito adquirido pela descoberta. [...] O título dos índios não foi tratado como um direito de propriedade e domínio, mas como um mero direito de ocupação. Na condição de infiéis, pagãos e selvagens, não lhes foi permitido possuir as prerrogativas pertencentes a nações absolutas, soberanas e independentes. O território no qual eles vagavam e que eles usavam para seus propósitos temporários fugazes, era, para os cristãos, considerado habitado apenas por animais bravios.[26]

Da mesma forma, o contrato de escravidão deu aos europeus o direito de escravizar nativos americanos e africanos em um momento em que a escravidão estava morta ou morrendo na Europa, com base em doutrinas da inferioridade inerente a esses povos. Uma declaração clássica do contrato de escravidão é a decisão de 1857 do caso Dred Scott versus Sanford pelo presidente da Suprema Corte dos Estados Unidos Roger Taney, que afirmou que os negros,

> por mais de um século, foram considerados seres de uma ordem inferior, e completamente inaptos para se associar com a raça branca, seja em relações sociais ou políticas; e tão inferiores que eles não tinham direitos que o homem branco fosse obrigado a respeitar; e que o negro poderia justa e legalmente ser reduzido

à escravidão para seu benefício [...]. Essa opinião, naquela época, era fixa e universal entre a porção civilizada da raça branca. Era considerada um axioma tanto na moral quanto na política, que ninguém pensava em contestar nem supunha estar aberto a contestação.[27]

Finalmente, há o contrato colonial, que legitimou o domínio europeu sobre as nações da Ásia, da África e do Pacífico. Considere-se, por exemplo, este maravilhoso exemplo, quase literalmente "contratualista" em caráter, do teórico imperial francês Jules Harmand (1845-1921), que elaborou a noção de *associação*:

> A expansão por conquista, embora necessária, parece especialmente injusta e perturbadora para a consciência das democracias. [...] Mas transpor instituições democráticas em tal cenário é contrassenso aberrante. As pessoas sujeitadas não são e não podem se tornar cidadãs no sentido democrático do termo. [...] É necessário, então, aceitar como princípio e ponto de partida o fato de que existe uma hierarquia de raças e civilizações, e que pertencemos a raça e civilização superiores. [...] A legitimação básica da conquista sobre os povos nativos é a convicção de nossa superioridade, não apenas nossa superioridade mecânica, econômica e militar, mas nossa superioridade moral. Nossa dignidade repousa sobre essa qualidade e é subjacente ao nosso direito de dirigir o resto da humanidade.

Portanto, necessário mesmo é um "'Contrato' de Associação":

> Sem cair nos devaneios rousseaunianos, vale a pena notar que a associação implica um contrato, e essa ideia, embora nada mais

do que uma ilustração, é aplicada de forma mais apropriada à coexistência de duas sociedades profundamente diferentes, postas brusca e artificialmente em contato, do que à única sociedade formada por processos naturais que Rousseau imaginou. É assim que os termos desse acordo implícito podem ser concebidos. O conquistador europeu traz ordem, previsibilidade e segurança a uma sociedade humana que, embora aspire ardentemente a esses valores fundamentais sem os quais nenhuma comunidade pode progredir, ainda carece da aptidão para alcançá-los a partir de si mesma. [...] Com esses instrumentos mentais e materiais, que lhes faltava e agora recebe, essa sociedade passa a ter a noção e a ambição de uma existência melhor e os meios para alcançá-la. Nós lhe obedeceremos, dizem os sujeitados, se você começar se comprovando digno. Nós lhe obedeceremos se você conseguir convencer-nos da superioridade da civilização da qual tanto fala.[28]

As leis para os indígenas, os códigos escravos e os atos coloniais nativos codificavam formalmente o status subordinado dos não brancos e (aparentemente) regulavam seu tratamento, criando um espaço jurídico para os não europeus como uma categoria distinta de seres. Portanto, mesmo que às vezes houvesse uma tentativa de evitar "abusos" (e esses códigos eram cumpridos com muito mais frequência pela violação do que pela obediência), o ponto é que "abuso" como conceito pressupõe como norma a *legitimidade* da subordinação. Escravidão e colonialismo não são concebidos como errados em sua negação de autonomia às pessoas; o que está errado é a administração inadequada desses regimes.

Seria um erro fundamental, então — um ponto ao qual retornarei —, ver o racismo como anômalo, um misterioso desvio do humanismo iluminista europeu. Em vez disso, é preciso perceber que, de acordo com o precedente romano, *o humanismo europeu geralmente significava que apenas os europeus eram humanos*. A teoria moral e política europeia, como o pensamento europeu em geral, desenvolveu-se no âmbito do contrato racial e, em geral, tomou-o como válido. Como Edward Said aponta em *Cultura e imperialismo*, não devemos ver a cultura como "antissepticamente separada de suas afiliações mundanas". Mas essa cegueira ocupacional de fato infectou a maioria dos "humanistas profissionais" (e certamente a maioria dos filósofos), de modo que

> como resultado, [eles são] incapazes de fazer a conexão entre a crueldade prolongada e sórdida de práticas como escravidão, opressão colonialista e racial e sujeição imperial, por um lado, e a poesia, a ficção, a filosofia da sociedade que se envolve nessas práticas, por outro.[29]

No século XIX, a opinião branca convencional assumia casualmente a validade incontroversa de uma hierarquia de raças "superiores" e "inferiores", raças "mestras" e "subjugadas", para as quais, é óbvio, regras diferentes devem ser aplicadas.

O mundo moderno foi, portanto, expressamente criado como um regime *racialmente hierárquico*, globalmente dominado por europeus. Um artigo de 1969 do periódico *Foreign Affairs* que vale a pena reler hoje nos lembra que, até a década de 1940, o mundo

> ainda era em geral um mundo ocidental dominado pelos brancos. Os padrões há muito estabelecidos de poder branco e não poder

não branco ainda eram a ordem geralmente aceita das coisas. Todas as suposições e mitologias correlatas sobre raça e cor ainda eram assumidas como válidas [...]. A supremacia branca era um estado de coisas geralmente assumido e aceito nos Estados Unidos, bem como nos impérios da Europa.[30]

Mas declarações de tal franqueza são raras ou inexistem hoje entre a opinião branca dominante, que geralmente busca reescrever o passado para negar ou minimizar o fato óbvio da dominação branca global.

No entanto, os próprios Estados Unidos, claro, são um Estado de colonização branca em território expropriado de seus habitantes autóctones por meio de uma combinação de força militar, doenças e um "século de desonra" de tratados quebrados.[31] A expropriação envolveu genocídio literal (uma palavra agora infelizmente desvalorizada por uso excessivo hiperbólico) de um tipo que, conforme alguns historiadores revisionistas recentes argumentam, precisa ser visto como comparável ao do Terceiro Reich.[32] Washington, Pai da Nação, era, compreensivelmente, conhecido de forma um pouco diferente para os Seneca como "Destruidor de Cidades".[33] Na Declaração de Independência, Jefferson caracterizara os nativos americanos como "índios selvagens impiedosos", e, na Constituição, os negros, claro, aparecem apenas obliquamente, através da famosa "solução de 60%".* Assim, como conclui Richard Drinnon: "Os delegados constituintes mani-

---

* A solução de 60% se refere a um acordo estabelecido em 1787 segundo o qual, para fins de contagem populacional, apenas 60% da população escravizada seria considerada. Posteriormente, isso seria interpretado como se as pessoas escravizadas fossem apenas 60% humanas. (N. T.)

festamente estabeleceram um governo sob o qual os não europeus eram não homens criados em condição de igualdade — no regime branco [...] eles eram não pessoas".[34] Embora em uma escala menor e nem sempre tão implacavelmente (ou, no caso da Nova Zelândia, por causa de uma resistência indígena mais bem-sucedida), aqueles que são regularmente classificados como os outros Estados de colonização branca — por exemplo, Canadá, Austrália, Nova Zelândia, Rodésia e África do Sul — foram todos baseados em regimes semelhantes: extermínio, deslocamento e/ou confinamento da população autóctone em reservas.[35] Pierre van den Berghe cunhou a esclarecedora expressão "democracias *Herrenvolk*" para descrever tais regimes, captando perfeitamente a dicotomização do contrato racial.[36] Sua evolução subsequente tem sido um pouco diferente, mas os defensores do sistema de apartheid da África do Sul frequentemente argumentaram que as críticas dos Estados Unidos eram hipócritas à luz de sua própria história de *jim crow*,* especialmente porque a segregação de fato permanece tão arraigada que, mesmo hoje, quarenta anos depois de "Brown versus Board of Education", dois sociólogos americanos intitularam seu estudo de *American Apartheid*.[37] O histórico racista da Rodésia (agora Zimbábue) pré-libertação e da África do Sul é bem conhecido; não tão familiar talvez seja o fato de que Estados Unidos, Canadá e

---

* Referência às Leis Jim Crow, um conjunto de leis estaduais e locais que impunham a segregação racial em escolas, transporte público, instalações sanitárias etc. no Sul dos EUA, aplicadas entre 1877 e 1964. O nome das leis veio da música "Jump Jim Crow", cantada pelo ator Thomas Rice, que se pintava de preto. Criou-se assim a expressão *jim crow* para se referir pejorativamente às pessoas negras. (N. E.)

Austrália mantiveram políticas de imigração "branca" até algumas décadas atrás, e os povos nativos em todos os três países sofrem com altas taxas de pobreza, mortalidade infantil e suicídio.

Em outros lugares, na América Latina, na Ásia e na África, grandes partes do mundo foram colonizadas, isto é, formalmente mantidas sob o domínio de uma ou outra potência europeia (ou, mais tarde, dos Estados Unidos): os primeiros impérios espanhol e português nas Américas, nas Filipinas e no sul da Ásia; a competição invejosa entre Grã-Bretanha, França e Holanda; a conquista britânica da Índia; a expansão francesa na Argélia e na Indochina; o avanço holandês sobre a Indonésia; as Guerras do Ópio contra a China; a "partilha da África" do final do século XIX; a guerra dos Estados Unidos contra a Espanha, a tomada de Cuba, Porto Rico e Filipinas, a anexação do Havaí.[38] O ritmo da mudança neste século tem sido tão dramático que é fácil esquecer que há menos de cem anos, em 1914,

> a Europa detinha um total de aproximadamente 85% da Terra na condição de colônias, protetorados, dependências, domínios e comunidades. Nenhum outro conjunto associado de colônias na história foi tão grande, nenhum tão totalmente dominado, nenhum tão desigual em poder em relação à metrópole ocidental.[39]

Pode-se dizer que o contrato racial cria um regime branco transnacional, uma comunidade virtual de pessoas ligadas por sua cidadania europeia, tanto em suas regiões de origem quanto fora (Europa propriamente dita, a grande Europa colonial e os "fragmentos" da Euro-América, Euro-Austrália etc.), e constituídas em oposição a seus sujeitos indígenas. Na maior parte da África e da Ásia, onde o domínio colonial só terminou após a Segunda Guerra Mundial, rígidas "barreiras de cor" mantiveram a separação entre europeus e nativos. Como europeia, como branca, a pessoa sabia que era membro da raça superior, tendo a pele como passaporte: "Tudo o que um homem branco fez deve, de alguma forma grotesca, ser 'civilizado'".[40] Assim, embora houvesse variações locais no contrato racial, dependendo das circunstâncias e do modo particular de exploração — por exemplo, um sistema racial bipolar nos (anglo) Estados Unidos contra uma hierarquia de cores mais sutil na América Latina (ibérica) —, a tribo branca, como representante global da civilização e da modernidade, continua a ocupar, geralmente, o topo da pirâmide social.[41]

Vivemos, então, em um mundo construído sobre o contrato racial. Torna-se bastante óbvio que isso é verdade, se você pensar (as datas e os detalhes da conquista colonial, as constituições desses Estados e seus mecanismos jurídicos excludentes, as histórias de ideologias racistas oficiais, as batalhas contra a escravidão e o colonialismo, as estruturas formais e informais de discriminação, estão todas na memória histórica recente e, claro, massivamente documentadas em outras disciplinas), e simultaneamente não óbvio, já que a maioria dos brancos *não* pensa nisso ou não pensa nisso como o resultado de uma história de opressão política, mas como "a maneira como as coisas são". ("Você diz que estamos em todo o mundo porque nós *conquistamos* o mundo? Por que você colocaria dessa forma?") No Tratado de Tordesilhas (1494), que dividiu o mundo entre Espanha e Portugal; na Conferência Valladolid (Espanha, 1550-1) para decidir se os nativos americanos eram realmente humanos; nos debates posteriores sobre a escravidão africana e o abolicionismo; na Conferência de Berlim (1884-5) para dividir a África; nos vários pactos, tratados e arranjos informais intereuropeus sobre o policiamento de suas colônias; nas discussões pós-Primeira Guerra Mundial em Versalhes depois de uma guerra para tornar o mundo seguro para a democracia, vemos (ou deveríamos ver) com total clareza um mundo sendo governado por pessoas brancas. Portanto, embora também haja conflito interno — desentendimentos, batalhas, até guerras mundiais —, os motores e formadores dominantes serão os europeus em casa e no exterior, com os não europeus fazendo fila para lutar sob suas respectivas bandeiras, e o próprio sistema de dominação branca raramente desafiado. (A exceção, claro, é o Japão, que escapou da colonização e, assim, durante a maior parte do século XX, manteve uma relação mutável e ambivalente com o regime branco global.) O legado desse mundo, claro, ainda está conosco hoje, na dominação econômica, política e cultural do planeta pelos europeus e seus descendentes. O fato de que essa estrutura racial, de caráter claramente político, e de que a luta contra ela, igualmente política, *não foram* em sua maioria consideradas assunto apropriado para a filosofia política anglo-americana dominante, e o fato de que os próprios conceitos hegemônicos na disciplina são refratários a uma compreensão dessas realidades revelam, na melhor das hipóteses, um provincianismo perturbador e uma a-historicidade profundamente em desacordo com o questionamento radicalmente fundacional do qual a filosofia se orgulha e, na pior das hipóteses, uma cumplicidade com os termos do próprio contrato racial.

O contrato racial é um contrato de exploração que cria dominação econômica europeia global e privilégio racial nacional branco

O contrato social clássico, como detalhei, é principalmente moral/político por natureza. Mas também *é econômico* no sentido de que o propósito de deixar o estado de natureza é em parte garantir um ambiente estável para a apropriação do mundo pelo trabalho. (Afinal, uma definição famosa de política é que ela diz respeito a quem recebe o quê e por quê.) Assim, mesmo no estado de natureza moralizado de Locke, em que as pessoas geralmente obedecem à lei natural, ele está preocupado com a segurança da propriedade privada, de fato proclamando que "o grande e *principal fim*, portanto, de os Homens se unirem a Comunidades, e se colocarem sob um Governo, é a preservação de suas Propriedades".[42] E no famoso estado de natureza amoral e inseguro de Hobbes, somos informados de que "não há lugar para a Indústria; porque o fruto dela é incerto; e, consequentemente, nenhuma Cultura da Terra".[43] Assim, parte do objetivo de trazer a sociedade à existência, com suas leis e seus aplicadores da lei, é proteger o que você acumulou.

Qual é, então, a natureza do sistema econômico da nova sociedade? O contrato geral não prescreve um modelo específico ou agenda específica de direitos de propriedade, exigindo apenas que a "igualdade" no estado pré-político seja preservada de alguma forma. Essa disposição pode ser interpretada de várias formas como uma rendição egoísta a um governo hobbesiano absolutista que determina os direitos de propriedade ou uma insistência lockeana em que a propriedade privada acumulada no estado moralizado de natureza seja respeitada pelo governo constitucionalista. Ou os teóricos políticos mais radicais, como socialistas e feministas, podem argumentar que a igualdade do estado de natureza realmente exige o igualitarismo econômico de classe ou gênero na sociedade. Assim, podem-se fazer diferentes interpretações políticas do igualitarismo moral do princípio, mas a ideia geral no fundo é que a igualdade dos seres humanos no estado de natureza deve, de alguma forma (seja como igualdade de oportunidades ou como igualdade de resultado), ser transportada para a economia da ordem sociopolítica criada, levando a um sistema de relações e trocas humanas voluntárias em que se exclui a exploração.

Por outro lado, a dimensão econômica do contrato racial é a *mais* saliente, está no primeiro plano, e não no segundo, uma vez que ele visa, de forma calculada, a exploração econômica. O propósito de estabelecer uma hierarquia moral e dividir juridicamente o regime político de acordo com a raça é garantir e legitimar o privilégio daqueles indivíduos designados como brancos/pessoas e a exploração daqueles indivíduos designados como não brancos/subpessoas. Existem outros benefícios decorrentes do contrato racial — influência política muito maior, hegemonia cultural, a recompensa psíquica que vem de saber que alguém é membro do *Herrenvolk* (o que W. E. B. Du Bois já chamou de "os benefícios da branquitude")[44] —, mas o resultado principal é a vantagem material. Globalmente, o contrato racial cria a Europa como o continente que domina o mundo; localmente, na Europa e nos outros continentes, designa os europeus como raça privilegiada.

O desafio de explicar o que tem sido chamado de "milagre europeu" — a ascensão da Europa à dominação global — ocupa há muito tempo tanto a opinião acadêmica quanto a leiga.[45] Como uma região anteriormente periférica às margens da massa terrestre asiática, na extremidade mais distante das rotas comerciais, distante das grandes civilizações do Islã e do Oriente, foi capaz, em um século ou dois, de alcançar o domínio político e econômico global? As explicações historicamente dadas pelos próprios europeus têm variado bastante, desde a explicação racista e geograficamente determinista até a mais sutil, que recorre a fatores do ambiente e da cultura. Mas o que todas elas têm em comum, mesmo aquelas influenciadas pelo marxismo, é a tendência a retratar esse desenvolvimento como essencialmente autóctone, a tendência a privilegiar algum conjunto de variáveis internas e, de modo correspondente, a minimizar ou ignorar completamente o papel da conquista colonial e da escravidão africana. A Europa fez isso por conta própria, diz-se, por causa das características peculiares da Europa e dos europeus.

Assim, enquanto nenhum historiador respeitável hoje adotaria as teorias francamente biológicas do passado, que tornaram os europeus (tanto nas explicações pré quanto pós-darwinianas) a raça inerentemente mais avançada, em contraste com as raças atrasadas/menos evoluídas de outros lugares, a tese da especialidade e do excepcionalismo europeus está pressuposta até agora. Ainda se assume que racionalismo, ciência, inovação e inventividade encontraram aqui seu lar especial, contra a estagnação intelectual e o tradicionalismo do resto do mundo, de modo que a Europa estava, portanto, destinada antecipadamente a ocupar a posição especial que possui na história global. James Blaut chama isso de teoria, ou "superteoria" (um guarda-chuva que abrange muitas versões diferentes: teológica, cultural, biológica, geográfica, tecnológica etc.), do "difusionismo eurocêntrico", segundo a qual o progresso europeu é visto como "natural" e assimetricamente determinante do destino da não Europa.⁴⁶ Da mesma forma, Sandra Harding, em sua antologia sobre a economia "racial" da ciência, cita

> a suposição de que a Europa funciona de forma autônoma de outras partes do mundo; de que a Europa é sua própria origem, destino final e agente; e de que a Europa e os povos de ascendência europeia nas Américas e em outros lugares não devem nada ao resto do mundo.⁴⁷

Sem surpresa, os teóricos negros e do Terceiro Mundo têm tradicionalmente discordado dessa noção de feliz dispensação europeia divina ou natural. Eles alegaram, ao contrário, que existe uma ligação causal decisiva entre o avanço europeu e o destino infeliz do resto do mundo. Um exemplo clássico de teorização de meio século atrás foi o *Capitalismo e escravidão*, do historiador caribenho Eric Williams, argumentando que os lucros da escravidão africana ajudaram a tornar possível a Revolução Industrial, de modo que as explicações internalistas estavam fundamentalmente equivocadas.⁴⁸ E em anos recentes, com a descolonização, a ascensão da Nova Esquerda nos Estados Unidos e a entrada de novas vozes alternativas na academia, essa crítica se aprofundou e se ampliou. Há variações nas posições dos autores — por exemplo, Walter Rodney, Samir Amin, André Gunder Frank, Immanuel Wallerstein⁴⁹ —, mas o tema básico é que a exploração do império (as barras das grandes minas de ouro e a prata do México e do Peru, os lucros da escravidão nas plantations, as fortunas obtidas pelas empresas coloniais, o estímulo social e econômico geral proporcionado pela abertura do "Novo Mundo") foi, em maior ou menor medida, crucial para permitir e consolidar a decolagem do que antes era um remanso econômico. A Europa encontrava-se longe de estar especialmente destinada a assumir a hegemonia econômica; havia uma série de centros na Ásia e na África, em um nível comparável de desenvolvimento e que poderia potencialmente ter evoluído da mesma maneira. Mas a ascensão europeia fechou esse caminho de desenvolvimento para os outros, porque os inseriu à força em uma rede colonial cujas relações de exploração e cujos mecanismos extrativos impediam o crescimento autônomo.

Em geral, então, o colonialismo "está no centro" da ascensão da Europa.[50] A unidade econômica de análise precisa ser a Europa como um todo, uma vez que nem sempre as nações colonizadoras diretamente se beneficiaram no longo prazo. A Espanha imperial, por exemplo, ainda de caráter feudal, sofreu uma inflação maciça de suas importações de ouro e prata. Mas, através do comércio e do intercâmbio financeiro, outros se lançaram no caminho capitalista, como a Holanda, e lucraram. As rivalidades nacionais internas continuaram, claro, mas essa identidade comum baseada na exploração transcontinental do mundo não europeu seria, em muitos casos, politicamente crucial, gerando um sentido de Europa como entidade cosmopolita engajada em um projeto comum, subscrito pela raça. Como Victor Kiernan afirma:

> Todos os países dentro da órbita europeia se beneficiaram, no entanto, como Adam Smith apontou, das contribuições coloniais para um estoque comum de riqueza, ainda que discutissem amargamente sobre a propriedade de um território ou outro. [...] Havia um sentido em que todos os europeus compartilhavam um senso

elevado de poder gerado pelos sucessos de qualquer um deles, bem como no conjunto de riquezas materiais [...] que as colônias produziam.⁵¹

Hoje, de forma correspondente, embora a descolonização formal tenha ocorrido e, na África e na Ásia, nativos negros, pardos e amarelos estejam em cargos políticos, governando nações independentes, a economia global é essencialmente dominada pelos antigos poderes coloniais, suas ramificações (Euro-Estados Unidos, Euro-Canadá) e suas instituições financeiras internacionais, agências de crédito e corporações. (Como já foi observado, a notável exceção, cuja história confirma, em vez de desafiar a regra, é o Japão, que escapou da colonização e, após a Restauração Meiji, embarcou com sucesso em sua própria industrialização.) Assim, pode-se dizer que o mundo é essencialmente dominado pelo capital branco. Os números globais sobre renda e propriedade são, claro, discriminados nacionalmente, e não racialmente, mas se uma desagregação racial transnacional fosse feita, revelaria que os brancos controlam uma porcentagem da riqueza mundial grosseiramente desproporcional aos seus números. Uma vez que não há razão para pensar que o abismo entre o Primeiro e o Terceiro Mundos (que coincide amplamente com essa divisão racial) será superado — vide o fracasso abjeto de vários planos das Nações Unidas a partir da "década de desenvolvimento" dos anos 1960 em diante —, parece inegável que, nos próximos anos, o planeta será dominado pelos brancos. Com o colapso do comunismo e a derrota das tentativas do Terceiro Mundo de buscar caminhos alternativos, o Ocidente reina supremo, como foi comemorado em uma manchete do *Financial Times* de Londres: "A queda do bloco soviético deixou o FMI e o G7 para governar o mundo e criar uma nova era imperial".[52] Estruturas econômicas foram instituídas e processos causais foram estabelecidos, cujo resultado é bombear riqueza de um lado do globo para o outro e que continuarão a funcionar em grande parte independentemente da má/boa vontade e dos sentimentos racistas/antirracistas de indivíduos específicos. Essa distribuição global de riqueza e pobreza codificada por cores tem sido produzida pelo contrato racial, e, por sua vez, reforça a adesão a ele em seus signatários e beneficiários.

Além disso, não apenas a Europa e os antigos estados colonizadores brancos são globalmente dominantes, mas *dentro* deles, onde há uma presença não branca significativa (povos indígenas, descendentes de escravizados importados, imigração voluntária não branca), os brancos continuam a ser privilegiados em relação aos não brancos. As velhas estruturas de exclusão formal e *de jure* foram amplamente desmanteladas, as velhas ideologias explicitamente biológicas, abandonadas[53] — o contrato racial, como se verá adiante, está sendo continuamente reescrito —, mas as oportunidades para os não brancos, embora tenham se expandido, permanecem abaixo das para os brancos. A alegação não é, claro, que todos os brancos estão em melhor situação que todos os não brancos, mas que, como uma generalização estatística, as chances objetivas de vida dos brancos são significativamente melhores.

Como exemplo, consideremos os Estados Unidos. Uma série de livros documentou recentemente o declínio das esperanças integracionistas criadas pela década de 1960 e a crescente intransigência e hostilidade dos brancos que pensam ter "feito o suficiente", embora o país continue a ser massivamente segregado, a renda mediana da família negra tenha começado a cair em comparação com a renda familiar branca após algum avanço anterior para superar a diferença, a chamada "subclasse negra" tenha sido basicamente descartada e as reparações pela escravidão e a discriminação pós-emancipação nunca tenham sido pagas, ou, de fato, nem sequer tenham sido seriamente consideradas.[54] O trabalho recente sobre desigualdade racial de Melvin Oliver e Thomas Shapiro sugere que a riqueza é mais importante que a renda na determinação da probabilidade de equalização racial futura, uma vez que tem um efeito cumulativo transmitido através da transferência intergeracional, afetando as chances de vida e de oportunidades para os filhos. Enquanto em 1988 as famílias negras ganhavam 62 cents a cada dólar ganho pelas famílias brancas, o diferencial comparativo em relação à riqueza é muito maior e, indiscutivelmente, fornece um quadro mais realisticamente negativo das perspectivas de fechamento da lacuna racial:

> Os brancos possuem quase doze vezes mais patrimônio líquido mediano do que os negros, ou 43 800 dólares contra 3700 dólares.

> Em contraste ainda mais forte, talvez, a família branca média controla 6999 dólares em ativos financeiros líquidos, enquanto a família negra média não detém nenhum investimento.

Além disso, o foco analítico na riqueza, e não na renda, expõe quão ilusória é a tão alardeada ascensão de uma "classe média negra": "Os negros de classe média, por exemplo, ganham setenta centavos a cada dólar ganho pelos brancos de classe média, mas possuem apenas quinze centavos a cada dólar de riqueza retida pelos brancos de classe média". Essa enorme disparidade entre a riqueza branca e negra não é remotamente contingente, acidental, fortuita; é o resultado direto da política estatal americana e do conluio dos cidadãos brancos com ela. Com efeito, "materialmente, brancos e negros constituem duas nações",[55] sendo a nação branca constituída pelo contrato racial americano em uma relação de exploração racial estruturada com a nação negra (e, é claro, historicamente, também a vermelha).

Uma coleção de artigos de debates organizados na década de 1980 pela National Economic Association, a organização profissional de economistas negros, fornece alguns insights sobre a mecânica e a magnitude dessas transferências exploratórias e as negações da oportunidade de acumular capital material e humano. Ela tem como título *The Wealth of Races* (A riqueza das raças) — um tributo irônico ao famoso livro de Adam Smith, *A riqueza das nações* — e analisa as diferentes variedades de discriminação a que os negros foram submetidos: escravização, discriminação no emprego, discriminação salarial, discriminação de promoção, poder de discriminação do monopólio branco contra o capital negro, discriminação racial de preços de bens de consumo, habitação, serviços, seguros etc.[56] Muitos deles, por sua própria natureza, são difíceis de quantificar; além disso, há custos de angústia e sofrimento que nunca podem ser compensados. No entanto, aqueles que se prestam ao cálculo oferecem alguns números notáveis. (Infelizmente, os números estão datados; os leitores devem multiplicá-los por um fator que leve em conta quinze anos de inflação.) Se alguém fizesse um cálculo dos benefícios *acumulados* (através de juros compostos) da discriminação do mercado de trabalho durante o período de quarenta anos de 1929 a 1969 e ajustasse à inflação, então, em dólares de 1983, o valor seria superior a 1,6 trilhão.[57] Uma estimativa para o total de "renda desviada" da escravização, de 1790 a 1860, composta e traduzida em dólares de 1983, renderia a soma de 2,1 trilhões a 4,7 trilhões.[58] E se alguém tentasse calcular o valor acumulado, com juros compostos, do trabalho escravo não remunerado antes de 1863, do pagamento insuficiente desde 1863 e da recusa de oportunidade de aquisição de terra e recursos naturais disponíveis para os colonos brancos, então o montante total necessário para compensar os negros "poderia tomar mais do que toda a riqueza dos Estados Unidos".[59]

Portanto, isso dá uma ideia da centralidade da exploração racial para a economia dos Estados Unidos e as dimensões da recompensa para seus beneficiários brancos do contrato racial de uma nação. Mas essa mesma centralidade e essas mesmas dimensões tornam o tópico tabu, praticamente indiscutível nos debates sobre justiça da maioria das teorias políticas brancas. Se há essa reação contra a ação afirmativa, qual seria a resposta à demanda pelos juros sobre os quarenta acres e uma mula não pagos? Essas questões não podem ser levantadas porque vão ao cerne da natureza real do regime político e sua estruturação pelo contrato racial. Os debates na teoria moral branca sobre a justiça no Estado devem ter, portanto, inevitavelmente, um ar um tanto farsesco, uma vez que ignoram a injustiça central sobre a qual o Estado repousa. (Não é de espantar que um contratualismo hipotético que foge das circunstâncias reais da fundação do regime político seja o preferido!)

Tanto globalmente quanto dentro de nações particulares, então, os brancos, os europeus e seus descendentes continuam a se beneficiar do contrato racial, que cria um mundo à sua imagem cultural, Estados políticos favorecendo diferencialmente seus interesses, uma economia estruturada em torno da exploração racial de outros e uma psicologia moral (não apenas entre brancos, mas algumas vezes entre não brancos também) inclinada consciente ou inconscientemente a privilegiá-los, tomando o status quo do direito racial diferencial como normativamente legítimo, e não algo a ser investigado de maneira mais aprofundada.

2. Detalhes

ISSO NOS DÁ UMA VISÃO GERAL. Vamos agora passar para um exame mais minucioso dos detalhes e do funcionamento do contrato racial: sua normatização do espaço e das (sub)pessoas, sua relação com o contrato social "oficial" e os termos de sua execução.

O contrato racial normatiza (e racializa) o espaço, demarcando espaços civis e selvagens

Nem o espaço nem o indivíduo costumam ser objeto de normatização explícita e detalhada para o contrato social padrão. O espaço simplesmente está *lá*, pressuposto, e o indivíduo é tacitamente assumido como o homem adulto branco, de modo que todos os indivíduos são obviamente iguais. Mas, para o contrato racial, o espaço em si e os indivíduos nele contidos não são homogêneos; portanto, devem se fazer distinções normativas explícitas. Tratarei a normatização do espaço e das pessoas separadamente, embora a exegese seja complicada pelo fato de eles estarem entrelaçados. A normatização do espaço é parcialmente feita em termos de *racialização* do espaço, a representação do espaço como dominado por indivíduos (sejam pessoas ou subpessoas) de uma determinada raça. Ao mesmo tempo, a normatização do indivíduo é parcialmente alcançada pela sua *espacialização*, ou seja, representando-o como impresso com as características de um determinado tipo de espaço. Portanto, essa é uma caracterização mutuamente suportada que, para subpessoas, se torna uma acusação circular: "Você é o que é em parte porque tem origem em um certo tipo de espaço, e esse espaço tem essas propriedades em parte porque é habitado por criaturas como você".

O contrato social supostamente abstrato, mas na verdade branco, caracteriza o espaço (europeu) basicamente como pré-sociopolítico ("o estado de natureza") e pós-sociopolítico (o lócus da "sociedade civil"). Mas essa caracterização não reflete negativamente as características do próprio espaço ou de seus habitantes. Esse espaço é o *nosso* espaço, um espaço em que nós (pessoas brancas) estamos em casa, um espaço doméstico aconchegante. Em um determinado estágio, as pessoas (brancas), vendo as desvantagens do estado de natureza, voluntariamente optam por abandoná-lo, estabelecendo, a partir daí, instituições que transformam o caráter do espaço. Mas não há nada *inato* no espaço ou nas pessoas que signifique defeito intrínseco.

Por contraste, na aplicação do contrato social fora da Europa, onde ele se torna o contrato racial, tanto o espaço quanto seus habitantes são estranhos. Portanto, esse espaço e esses indivíduos precisam ser explicitamente teorizados, uma vez que (acontece) ambos são defeituosos de uma forma que requer intervenção externa para se redimirem (isto é, na medida em que a redenção é possível). Os europeus, ou pelo menos os europeus plenos, eram "civilizados", e essa condição se manifestava no caráter dos espaços que habitavam.[1] Os não europeus eram "selvagens", e essa condição se manifestava no caráter dos espaços que *eles* habitavam. De fato, como foi apontado, essa habitação é captada na etimologia do próprio "selvagem", que deriva do latim *silva*, "floresta", de modo que o selvagem é o homem da floresta, *silvaticus, homo sylvestris*, o homem em cujo ser a condição de selvagem, a selvageria, penetrou tão profundamente que a porta para a civilização, para o político, está cerrada.[2] (Você pode tirar o Homem Selvagem da selva, mas não a selva do Homem Selvagem.) O Homem Selvagem é uma figura crucial no pensamento medieval, o antípoda doméstico (*dentro* da Europa) da civilização, e é um dos antecedentes conceituais dos "selvagens" *extra*europeus posteriores.[3] Como Hayden White aponta, a criação do "Homem Selvagem" ilustra "a técnica da autodefinição ostensiva por negação",[4] a caracterização de si mesmo por referência ao que não é. Quem somos nós? Nós somos os não selvagens. Assim, é realmente aqui, no contrato racial da vida real, contra o contrato social mítico, que o "estado de natureza" e o "natural" desempenham seu papel teórico decisivo. *Eles* estão no estado de natureza, e *nós*, não. Os ingleses, escreve Roy Harvey Pearce, "encontraram na América não apenas um ambiente incivilizado, mas homens incivilizados — homens naturais, como foi dito, vivendo em um mundo natural".[5]

De modo correspondente, o contrato racial, em suas primeiras versões de pré-conquista, deve necessariamente envolver a caracterização pejorativa dos espaços que precisam ser domesticados, os espaços em que os regimes políticos raciais acabarão por ser construídos. O contrato racial é, portanto, necessariamente, mais abertamente *material* do que o contrato social. Essas paisagens estranhas (tão diferentes das de casa), essa carne estranha (tão diferente da nossa) devem ser mapeadas e subordinadas. Criar o civil e o político aqui requer, portanto, uma luta *espacial* ativa (esse espaço é resistente) contra o selvagem e o bárbaro, um avanço da fronteira contra a oposição, uma europeização do mundo. "A Europa", como observa Mary Louise Pratt, "passou a se ver como um 'processo planetário', e não simplesmente como uma região do mundo".[6] O espaço deve ser normatizado e racializado no nível *macro* (países e continentes inteiros), no nível *local* (bairros da cidade) e, finalmente, até mesmo no nível *micro* do próprio corpo (o halo carnal contaminado e contaminante do corpo não branco).

Há duas dimensões principais nessa normatização: a epistemológica e a moral.

A dimensão epistemológica é o corolário da restrição preventiva do conhecimento aos conhecedores europeus, o que implica que em certos espaços o conhecimento real (conhecimento da ciência, conceitos universais) não é possível. Feitos culturais significativos, progresso intelectual são, assim, negados a esses espaços, que são considerados (na falta da intervenção europeia) permanentemente presos a um estado cognitivo de superstição e ignorância. Valentin Mudimbe se refere a isso como um "etnocentrismo epistemológico". Evidências em contrário podem então ser tratadas de maneiras diferentes. Elas podem simplesmente ser destruídas, como, por exemplo, os invasores conquistadores espanhóis que queimaram os manuscritos astecas. E podem passar a ser vistas como resultado da intervenção de pessoas de fora, por exemplo, de um contato previamente desconhecido com brancos:

Uma vez que os africanos não podiam produzir nada de valor, a técnica da estatuária iorubá deve ter vindo dos egípcios; a arte do Benin deve ser uma criação portuguesa; os feitos arquitetônicos do Zimbábue foram obra de técnicos árabes; e o estadismo hauçá e buganda foram invenções de invasores brancos.[7]

(Pense naquilo que é comum nos quadrinhos, nos romances de aventura, nos filmes B — a tribo branca perdida cujo legado é descoberto em algum lugar distante, de outra forma obscuro na Terra, e que é responsável por qualquer cultura que os infelizes nativos não brancos possam possuir.) Às vezes, pode-se buscar até mesmo uma origem extraterrestre, como os desenhos no deserto na América do Sul atribuídos a visitantes alienígenas. Da mesma forma, independentemente do resultado final da controvérsia recentemente estimulada pela alegação do livro de Martin Bernal, *Black Athena* (Atena negra), de que o antigo Egito teve uma influência cultural significativa sobre a Grécia Antiga e que era em grande parte uma civilização negra, decerto se pode inferir que pelo menos *parte* da resistência à ideia no establishment acadêmico branco vem da presunção apriorística de que tal feito não poderia realmente vir da África negra (e, por fim, "subsaariana").[8] (A expressão "África subsaariana" é, de fato, em si mesma, um marcador geográfico motivado pelo contrato racial.) Finalmente, os feitos culturais dos outros podem simplesmente ser apropriados pela Europa sem reconhecimento, negando a realidade de que "'o Ocidente' sempre foi uma criação multicultural".[9]

É evidente que essa normatização está também manifesta no vocabulário de "descoberta" e "exploração" ainda em uso até pouco tempo atrás, implicando basicamente que, se nenhuma pessoa branca esteve num determinado local antes, então não é possível que tenha ocorrido cognição. Em *Coração das trevas*, de Joseph Conrad, Marlow se debruça sobre o globo e observa que "havia muitos espaços em branco na Terra".[10] E esse vazio significa não apenas que os europeus não chegaram, mas que esses *espaços* não chegaram, são um vazio dos próprios habitantes. A África é, portanto, o "Continente Negro" pela falta de contato europeu (lembrado) com ela estabelecido. De modo correspondente, existem rituais de nomeação que servem para confiscar o terreno desses "Novos" Mundos e incorporá-lo ao *nosso* mundo: Nova Inglaterra, Nova Holanda, Nova França — em uma palavra, "Novas Europas", "extensão[ões] cultural-espacial[is] da Europa".[11] Elas são domesticadas, transformadas, tornadas familiares, tornadas parte do nosso espaço, trazidas para o mundo da cognição europeia (que é cognição humana), para que possam ser cognoscíveis e conhecidas. O conhecimento, a ciência e a capacidade de apreender o mundo intelectualmente ficam assim restritos à Europa, que surge como *o lócus global da racionalidade*, pelo menos para o agente cognitivo europeu, que será o único a validar reivindicações de conhecimento local. Para que esses espaços sejam conhecidos, é necessária a percepção europeia.

Moralmente, o vício e a virtude são *espacializados*, primeiro no nível macro de uma cartografia moral que acompanha o mapeamento europeu literal do mundo, de modo que regiões inteiras, países inteiros e, de fato, continentes inteiros sejam investidos de qualidades morais. Assim, Mudimbe descreve a "geografia da monstruosidade" da cartografia europeia inicial, que, em um quadro ainda amplamente teológico, divide o mundo conhecido e indica "Aqui há dragões".[12] O espaço não europeu é, então, demonizado de uma forma que implica a necessidade de europeização para que a redenção moral seja possível. A ligação entre o cognitivo e o moral, claro, conecta a falha em perceber a lei natural com a falha moral: a escuridão do Continente Negro não é apenas a ausência de uma presença europeia, mas uma cegueira para a luz cristã, o que necessariamente resulta em negritude moral, superstição, adoração do diabo. Apropriadamente, então, uma das tradições cartográficas medievais era o mapa-múndi, o mapa do mundo organizado não em um sistema de grade, mas em torno da cruz cristã, com Jerusalém no centro.[13] Da mesma forma, os colonizadores europeus na América descreveram a área além das montanhas como "terra dos índios", "o solo escuro e sangrento [...] uma selva uivante habitada por 'selvagens e bestas feras'", ou às vezes até mesmo "Sodoma e Gomorra". E a sociedade que eles se viram fundando era, de modo correspondente, às vezes chamada de "Nova Canaã".[14]

O estado de natureza não europeu é, portanto, *real*, um lugar selvagem e racializado que foi originalmente caracterizado também como amaldiçoado por uma praga teológica, uma terra profana. O estado de natureza europeu, em contraste, é hipotético ou, quando real, geralmente um assunto mais dócil, uma espécie de jardim que perdeu seu vigor, que pode precisar de alguma poda, mas na verdade *já* é parcialmente domesticado e requer apenas algumas modificações para ser apropriadamente transformado — um testemunho das características morais superiores *deste* espaço e de seus habitantes. (O estado de natureza paradigmaticamente feroz de Hobbes pode parecer uma exceção, mas, como veremos adiante, é realmente literal apenas para os *não* europeus, de modo que mais confirma do que contesta a regra.)

Por causa dessa moralização do espaço, *a jornada rio acima* ou, em geral, *a jornada para o interior* na literatura imperial — a viagem dos postos avançados da civilização para o território nativo — adquire um profundo significado simbólico, pois é a expedição ao coração geográfico e pessoal da escuridão, o mal exterior que se correlaciona com o mal interior. Assim, em *Apocalypse Now*, a reescrita, por Francis Ford Coppola, em 1979, de Conrad no contexto do Vietnã, a viagem de Willard (Martin Sheen) rio acima para encontrar Kurtz (Marlon Brando), cujos estágios são marcados pela eliminação gradual do uniforme (civilizado) do Exército dos Estados Unidos, até a derradeira figura coberta de lama, carregando um facão, indistinguível dos aldeões cambojanos matando cerimonialmente o búfalo, é tanto uma *descida* normativa para a corrupção moral quanto uma *ascensão* cognitiva à percepção de que a guerra só poderia ser vencida abandonando-se as restrições da civilização euro-americana (como demonstrado em My Lai, presumivelmente) e abraçando a "selvageria" do Exército norte-vietnamita.[15]

A batalha contra essa selvageria é, em certo sentido, permanente enquanto os selvagens continuarem a existir, contaminando o (e sendo contaminados pelo) espaço não europeizado ao seu redor. Portanto, não se trata apenas de que o espaço seja normativamente caracterizado no nível macro *antes* da conquista e da colonização, mas de que mesmo *depois*, no nível local, existem divisões, a cidade europeia e o bairro nativo, Whitetown e Niggertown/Darktown,* boas áreas residenciais e centro velho e decadente. David Theo Goldberg comenta que

---

* Termos utilizados para designar, em cidades segregadas, as regiões habitadas por brancos e as habitadas por não brancos. (N. T.)

"o poder na pólis, e isso é especialmente verdadeiro em relação ao poder racializado, reflete e refina as relações espaciais de seus habitantes".[16] Parte do propósito da barreira de cor/linha de cor/apartheid/*jim crow* é manter esses espaços *em seu lugar*, ter o tabuleiro de damas da virtude e do vício, do espaço claro e do escuro, *nosso* e *deles*, claramente demarcados para que a geografia humana prescrita pelo contrato racial possa ser preservada. Pois aqui a topografia moral é diferente e a missão civilizadora ainda incompleta. Sobre essa partição de espaço e pessoa, Frantz Fanon escreve:

> O mundo colonial é um mundo cindido em dois. [...] A cidade dos colonizadores é uma cidade de pessoas brancas, de estrangeiros [...] [A cidade dos nativos] é uma cidade de *niggers* e árabes sujos. [...] Esse mundo dividido em compartimentos, esse mundo cindido em dois é habitado por duas espécies diferentes.[17]

De fato, a intimidade da conexão entre lugar e (sub)pessoa significa que talvez ela nunca *esteja* completa, que aqueles associados à selva levarão a selva consigo mesmo quando forem trazidos para regiões mais civilizadas. (A selva está, por assim dizer, sempre à espera para se reafirmar: cada *évolué* corre o risco de involução.) Pode-se argumentar que nos Estados Unidos a crescente popularidade, no pós-guerra, da expressão "selva urbana" reflete uma referência subtextual (e não muito sub) à crescente não brancura dos moradores dos centros velhos das cidades e o padrão correspondente de "fuga branca" para o santuário de baunilha das boas áreas residenciais: nosso espaço/espaço residencial/espaço civilizado. Na América, na África do Sul e em outros lugares, o espaço branco é atravessado por intrusos escuros, cuja própria presença, independentemente do que eles possam ou não fazer, é uma mancha na brancura civilizada tranquilizadora do espaço doméstico. Considere as leis de toque de recolher em bairros segregados na história pregressa dos Estados Unidos (e, pode-se argumentar, as medidas policiais informais ainda em vigor), os avisos que costumavam ser postados fora das cidades "segregadas" — "*Nigger*, não deixe que o pôr do sol o encontre aqui!". O contrato racial demarca o espaço, reservando espaços privilegiados para seus cidadãos de primeira classe.

A outra dimensão da avaliação e da normatização moral, que é, naturalmente, aquela que se torna mais central com a secularização, não é o vício e a virtude cristãos tradicionais, mas a ética capitalista/protestante emergente da colonização e da indústria. Franke Wilmer argumenta que a ideologia de "progresso e modernização" serviu por quinhentos anos como justificativa dominante ao deslocamento e à matança ocidentais do "Quarto Mundo" dos povos indígenas.[18] Aqui, o espaço é nacionalmente caracterizado em relação a um padrão europeu de agricultura e indústria, de forma a torná-lo moralmente passível de apreensão, expropriação, colonização, desenvolvimento — em uma palavra, *povoamento*. Nos estados colonizadores brancos, o espaço às vezes será representado como território literalmente vazio e desocupado, baldio, deserto e "virgem". Simplesmente não há ninguém lá. Ou mesmo quando se admita que entidades humanoides estejam presentes, nega-se que esteja ocorrendo qualquer apropriação real, qualquer feito humano no mundo. Portanto, ainda não há ninguém lá: a terra é *terra nullius, vacuum domicilium*, novamente "virgem". "Assim, no início", conta Locke, "todo o mundo era a

América".[19] Os mitos centrais e mutuamente complementares, como Francis Jennings aponta, são as ideias gêmeas de "terras virgens e povos selvagens".[20] Em ambos os casos, então, essa será a terra *despovoada*, habitada no máximo por "vermes", "criaturas", "bestas humanas" que são um obstáculo ao desenvolvimento, não capazes de se desenvolver, e cujo extermínio ou pelo menos remoção é um pré-requisito para a civilização. Um jogo de números é jogado, envolvendo a subcontagem sistemática da população aborígine, muitas vezes por um fator de dez ou mais, já que, por definição, "grandes populações são impossíveis em sociedades selvagens".[21] (E quando deixam de ser grandes, não se vai querer admitir o tamanho que já tiveram.) Richard Drinnon descreve quantos colonizadores europeus, nos Estados Unidos, pensavam em si mesmos como "Crusoés do continente" em uma selva "não povoada", caracterizada por Theodore Roosevelt como "os desertos vermelhos onde os povos bárbaros do mundo dominam".[22] Da mesma forma, "no momento da primeira ocupação das colônias australianas, todas as terras foram consideradas áreas vazias e propriedade da Coroa".[23] Na África do Sul, os *trekboers* saíram em expedições de caça exterminadoras e, posteriormente, "se gabaram de suas sacolas de bosquímanos do mesmo modo que os pescadores se gabam de sua pesca".[24] Então, a sequência básica era mais ou menos assim: não há pessoas lá, em primeiro lugar; em segundo lugar, elas não estão cultivando a terra; e em terceiro lugar — Ops! —, elas já estão todas mortas, de qualquer maneira (e, honestamente, não havia muitas, para começo de conversa), então não há pessoas lá, como dissemos no começo.

Uma vez que o contrato racial liga o espaço à raça e a raça à pessoalidade, o espaço racializado branco do regime político é, de certa forma, o lócus geográfico do regime propriamente dito. Onde se permitiu que os povos indígenas sobrevivessem, eles tiveram negado todo e qualquer pertencimento à comunidade política, tornando-se assim estrangeiros em seu próprio país. Drinnon descreve este notável truque de confiança política melvilleano final: "O país estava cheio de recém-chegados do Oriente, misteriosos impostores fingindo ser nativos e negando aos nativos reais sua humanidade".[25] Da mesma forma, um historiador australiano pôde escrever em 1961: "Antes da Corrida do Ouro, havia, afinal, poucos estrangeiros de qualquer raça na Austrália — exceto os aborígines, se pudermos, envergonhadamente, espero, chamá-los de estrangeiros, como modo de falar".[26] (De onde vocês vieram, afinal? Vocês não são daqui, são?) Esse espaço racializado também marcará o limite geográfico das obrigações totais do Estado. No nível local de espacialização, a normatização se manifesta na presunção de que certos espaços (por exemplo, os do centro velho da cidade) estão intrinsecamente condenados a depender de auxílios sociais, à alta criminalidade nas ruas, ao status de subclasse, por causa das características de seus habitantes, de modo que o sistema econômico, de forma geral, não tem papel na criação desses problemas. Assim, uma das consequências interessantes do contrato racial é que o *espaço político* do regime não é coextensivo a seu *espaço geográfico*. Ao entrar nesses espaços (escuros), adentra-se uma região normativamente descontínua com o espaço político branco, onde as regras são diferentes, desde o financiamento diferencial (recursos escolares, coleta de lixo, reparo de infraestrutura) até a ausência de proteção policial.

Finalmente, há o microespaço do próprio corpo (que, em certo sentido, é o fundamento de todos os outros níveis), o fato (a ser tratado mais detalhadamente a seguir) de que as pessoas e subpessoas, os cidadãos e não cidadãos que habitam esses regimes o fazem encarnados em envelopes de pele, carne, cabelo. O corpo não branco carrega uma aura de escuridão ao redor, o que pode, na verdade, deixar alguns brancos fisicamente desconfortáveis. (Um arquiteto negro americano do século XIX treinou-se para ler projetos arquitetônicos virados de cabeça para baixo porque sabia que os clientes brancos ficariam desconfortáveis se ele se sentasse do mesmo lado da mesa que eles.) Parte desse sentimento é sexual: o corpo negro em particular é visto paradigmaticamente como *um corpo*.[27] Lewis Gordon sugere que a "presença negra é uma forma de ausência [...]. Toda pessoa negra se torna membro de um enorme corpo negro: o CORPO NEGRO".[28] Os brancos podem chegar a ser "cabeças falantes", mas, mesmo quando as cabeças dos negros falam, sempre se está desconfortavelmente consciente dos corpos aos quais essas cabeças estão presas. (Então, os negros são, na melhor das hipóteses, "corpos falantes".) No começo, o rock 'n' roll foi visto por alguns conservadores brancos como uma trama comunista porque trouxe os ritmos do corpo negro para o espaço corporal branco; começou a subversão malemolente desse espaço. Esses são, literalmente, ritmos da *selva*, telegrafados do espaço da selvageria, ameaçando o espaço civilizado do regime branco e a integridade carnal de seus habitantes. Então, quando na década de 1950 artistas brancos fizeram versões cover de "discos negros", músicas nas paradas de rhythm and blues dos tempos de *jim crow*, elas foram sanitizadas, limpas, os ritmos reorganizados; tornaram-nas reconhecidamente "brancas".

De forma mais geral, há também o requisito social básico de distinguir, no nível da interação cotidiana (uma interação que ocorre não em algum plano abstrato, mas *dentro* desse espaço racializado), as interações sociais pessoa-pessoa daquelas de pessoa-subpessoa. Assim, nos Estados Unidos, da época da escravidão e *jim crow* ao período moderno de liberdade formal, mas de racismo continuado, as interações físicas entre brancos e negros são cuidadosamente reguladas por uma etiqueta racial maleável que é, em última instância, determinada pela forma corrente do contrato racial. Em seu estudo sobre como a vida das mulheres brancas é moldada pela raça, Ruth Frankenberg descreve a "geografia social racial" daí resultante, a "manutenção de limite" pessoal que exigia que "sempre se mantivesse uma separação", uma "demarcação autoconsciente de limites do espaço físico".[29] As concepções do ser branco das pessoas mapeiam uma microgeografia das rotas aceitáveis através do espaço racial do próprio espaço pessoal. Essas travessias do espaço são impressas com dominação: posturas prescritas de deferência e submissão para o Outro negro, a linguagem corporal da não arrogância (sem "olhares imprudentes"); códigos de prioridade de trânsito ("meu espaço pode andar pelo seu e você deve se afastar"); regras não escritas para determinar quando reconhecer a presença não branca e quando não, ditando espaços de intimidade e distância, zonas de conforto e desconforto ("até este ponto e nem um milímetro a mais"); e, finalmente, claro, leis antimiscigenação e linchamento para proibir e punir a violação derradeira, a penetração do preto no espaço branco.[30] Se, como já argumentei, há um sentido em que o regime político *real* é o regime branco virtual, então, sem levar a metáfora longe demais, pode-se dizer que o corpo não branco é uma bolha móvel de selvageria no espaço político branco, um nó de descontinuidade que está necessariamente em permanente tensão com ele.

Detalhes 93

O contrato racial normatiza (e racializa) o indivíduo, estabelecendo pessoalidade e subpessoalidade

Na teoria política desencarnada do contrato social ortodoxo, o corpo desaparece, torna-se teoricamente sem importância, assim como o espaço físico habitado por esse corpo, em aparência, é teoricamente desimportante. Mas esse ato de desaparecimento é uma ilusão tanto no primeiro quanto no último caso. A realidade é que se pode fingir que o corpo não importa apenas porque um determinado corpo (o corpo masculino branco) está pressuposto como a norma somática. Em um diálogo político entre os donos desses corpos, os detalhes de sua carne não importam, pois são julgados igualmente racionais, igualmente capazes de perceber a lei natural ou seus próprios interesses. Mas, como as teóricas feministas apontaram, o corpo só é irrelevante quando é o corpo masculino (branco). Mesmo para Kant, que define "pessoas" simplesmente como seres racionais, sem quaisquer restrições aparentes de gênero ou raça, o corpo feminino demarca a pessoa como insuficientemente racional para ser politicamente algo mais do que um cidadão "passivo".[31] Da mesma forma, o contrato racial é explicitamente baseado em uma política do corpo que está relacionada ao corpo político por meio de restrições sobre quais corpos são "políticos". Há corpos impolíticos, cujos proprietários são julgados incapazes de *formar* ou *entrar* totalmente *em* um corpo político.

O antecedente intelectual distante aqui, claro, é Aristóteles que, na *Política*, fala sobre "escravos naturais", que precisam ser distinguidos daqueles cuja escravidão é meramente contingente, resultado, digamos, de captura em batalha.[32] Mas, escrevendo na época da escravidão *não* racial da Antiguidade,

Aristóteles enfrentou um problema de identificação para destacar esses desafortunados. O contrato racial busca basicamente remediar essa deficiência, estabelecendo uma linha (relativamente) clara de demarcação somática entre possuidores de almas servis e não servis. Como já foi mencionado, a distinção antiga entre europeus e não europeus é essencialmente teológica, desenvolvida em grande parte através das guerras no Oriente e no Sul contra o Islã, o *paynim* (negro), tanto anti-Cristo quanto anti-Europa. Para o projeto político-econômico de conquista, expropriação e assentamento, essa categorização tem a desvantagem de ser contingente. As pessoas sempre podem se converter, e se a agenda de direitos é baseada na religião, torna-se pelo menos um problema prima facie (embora não insuperável) tratar os companheiros cristãos da maneira que se pode tratar os pagãos. Na *Cidade de Deus*, como Hayden White resume Agostinho, "até os mais monstruosos dos homens ainda eram *homens*", "recuperáveis em princípio", "potencialmente capazes" de serem redimidos pela graça cristã.³³ A nova categoria secular de *raça*, que gradualmente se cristalizou ao longo de um século ou mais, ao contrário, tinha a virtude de permanência ao longo da vida de qualquer indivíduo. Baseando-se no legado medieval do Homem Selvagem, e dando a isso uma cor, o contrato racial estabelece um tipo somático particular como a norma, cujo desvio *torna a pessoa inadequada* para a pessoalidade plena e para a plena participação no regime político. Se ele não é sempre um escravo natural, é pelo menos sempre um não cidadão natural ou um cidadão de segunda classe. "Na transição gradual das concepções religiosas para as concepções raciais, o abismo entre as pessoas que se autodenominam cristãs e as outras pessoas, a quem chamavam de pagãos", observa Jennings, "traduziu-se suavemente em uma separação entre pessoas brancas e pessoas de cor. A lei da obrigação moral sancionou o comportamento em apenas um dos lados desse abismo".[34]

Filosoficamente, podem-se distinguir as dimensões moral/legal, cognitiva e estética dessa norma racial.[35]

Moral e legalmente, como afirmei no início, o contrato racial estabelece uma partição fundamental na ontologia social do planeta, que poderia ser representada como a divisão entre pessoas e subpessoas, *Untermenschen*. A "pessoalidade" tem recebido muita atenção filosófica nos últimos anos por causa do ressurgimento das teorias morais/políticas kantianas e dos direitos naturais e do declínio relativo do utilitarismo. O utilitarismo coloca a moralidade na base direta da promoção do bem-estar social: o maior bem para o maior número. Mas ele é vulnerável à acusação de que permitiria a violação dos direitos de alguns se o bem-estar social geral fosse assim maximizado. Em contraste, as teorias kantianas e de direitos naturais enfatizam a santidade das "pessoas" individuais, cujos direitos não devem ser violados, mesmo que se amplie o bem-estar geral.

Idealmente, então, queremos um mundo onde todos os seres humanos sejam tratados como "pessoas". Assim, a noção de "pessoa" se torna central para a teoria normativa. A ontologia social simplificada acarretada pela noção de "pessoalidade" é, claro, um produto do capitalismo e das revoluções burguesas do século XVIII. Moses Finley aponta que a "desigualdade perante a lei" era típica do mundo antigo[36] e que o feudalismo medieval tinha sua própria hierarquia social. A pessoalidade kantiana surgiu, em parte, em *oposição* a esse mundo de hierarquia e status atribuídos. Os valores humanos hierarquicamente diferenciados de plebeu e patrício, de servo, monge e cavaleiro foram substituídos pelo "valor infinito" de todos os seres humanos. É um ideal nobre e inspirador, mesmo que sua incorporação em inúmeros manifestos, declarações, constituições e textos introdutórios de ética tenha sido, agora, reduzida a uma homilia, privada da força política impactante que já teve. Mas o que precisa ser enfatizado é que apenas *pessoas brancas* (e realmente apenas homens brancos) foram capazes de ter isso como algo garantido, para quem isso pode ser um truísmo nada empolgante. Como Lucius Outlaw sublinha, o liberalismo europeu restringe o "igualitarismo à igualdade entre iguais", e negros e outros são ontologicamente excluídos, pela raça, da promessa do "projeto liberal da modernidade".[37] Os termos do contrato racial significam que a *subpessoalidade não branca é preservada simultaneamente* à *pessoalidade branca*.

Então, para entender o funcionamento dos regimes estruturados pelo contrato racial, creio eu, precisamos entender também a *sub*pessoalidade. Subpessoas são entidades humanoides que, em decorrência de fenótipo/genealogia/cultura racial, não são totalmente humanas e, portanto, têm uma agenda diferente e inferior de direitos e liberdades que a elas se aplicam. Em outras palavras, é possível se safar ao fazer coisas com subpessoas que não poderiam ser feitas com pessoas, porque as primeiras não têm os mesmos direitos que as segundas. Na medida em que o racismo é abordado dentro da filosofia moral e política dominante, geralmente é tratado em uma nota de rodapé como desvio lamentável do ideal. Mas tratá-lo dessa maneira faz com que ele pareça contingente, acidental, residual, retira-o do nosso entendimento. A raça é colocada como marginal quando, na verdade, tem sido central. A noção de subpessoalidade, por outro lado, torna explícito o contrato racial, mostrando que caracterizar as coisas em termos de "desvios" é, em certo sentido, enganador. Em vez disso, o que está envolvido é o cumprimento de uma *norma* cuja existência é agora embaraçoso admitir. Então, em vez de fingir que o contrato social delineia o ideal que as pessoas tentaram cumprir, mas que ocasionalmente (como com todos os ideais) ficaram aquém de cumprir, devemos dizer francamente que, para os brancos, o contrato racial representava o *ideal*, e o que está envolvido não é desvio da norma (imaginada), mas efetiva *aderência* à norma. (Apontei anteriormente que o "excepcionalismo" *era* a regra.) O "contrato racial", como teoria, coloca a raça em seu lugar — no centro do palco — e demonstra como o regime político era de fato racial, um Estado de supremacia branca, para o qual a prerrogativa racial branca diferencial e a subordinação racial não branca eram definidoras, moldando inevitavelmente, assim, a psicologia moral e a teorização moral brancas.

Esse é mais claramente o caso, é evidente, para os negros, com a degradação da escravidão *racial* significando, como se tem apontado, que, pela primeira vez (e ao contrário da escravidão da Grécia e da Roma antigas ou do Mediterrâneo medieval), a *escravidão adquiria uma cor*. Mas, para o projeto colonial em geral, a pessoalidade seria racializada, daí o conceito de "raças sujeitadas". A divisão conceitual crucial é entre brancos e não brancos, pessoas e subpessoas, embora, uma vez que se tenha feito esse corte, outras distinções internas sejam possíveis, com variedades de subpessoalidade ("selvagens" versus "bárbaros", como já se observou) correspondendo a diferentes variantes do contrato racial (expropriação/escrava/colonial).

Assim, o nativo de Kipling poderia ter mais de um rosto — "meio diabo e meio criança" —, de modo que, embora (para o contrato de expropriação) alguns tipos tenham simplesmente de ser exterminados (como nas Américas, na Austrália e na África do Sul), para outros (como no contrato colonial), uma orientação paternalista (caso da África e da Ásia coloniais) poderia conduzi-los (como "menores") até, pelo menos, o meio do caminho rumo à civilização. Mas, em todos os casos, o resultado era que se estava lidando com entidades que não se situavam no mesmo nível moral, incapazes de autonomia e autogoverno. "Negros, índios e [cafres] não podem sustentar democracia", concluiu John Adams.[38] (Pensem em Tarzan, o Fantasma, She e Sheena, reis e rainhas brancos governando a selva negra, estabelecendo a lei para as raças inferiores que não a possuem.)

Além disso, a inter-relação dinâmica da categorização significou, como os hegelianos foram rápidos em reconhecer, que as categorias se determinavam mutuamente. Ser uma pessoa, um ser branco, significava — por definição — *não* ser uma subpessoa, não ter as qualidades que arrastam alguém para o próximo nível ontológico inferior. No mundo kantiano ideal do contrato social sem raça, as pessoas podem existir em abstrato; no mundo não ideal do contrato racial naturalizado, as pessoas estão necessariamente relacionadas a subpessoas. Pois essas são identidades enquanto "conjuntos contrapontísticos", exigindo seus opostos, e a "secundariedade" das subpessoas, como Said coloca, é, "paradoxalmente, essencial para a primazia do europeu".[39]

Onde a escravidão era praticada, como nos Estados Unidos e nas Américas, de modo a haver uma relação sustentada entre as raças, a branquitude e a negritude evoluíram em uma intimidade forçada de repugnância, na qual elas se determinavam pela negação e pelo autorreconhecimento, em parte, *através dos olhos do outro*. Em seu premiado livro sobre a evolução da ideia de liberdade, Orlando Patterson argumenta que a liberdade foi gerada a partir da experiência da escravização, que o escravizado estabelece a norma para os *humanos*.[40] Parte do problema atual da tentativa de assimilar os negros americanos no corpo político é a profunda codificação na psique nacional da noção de que, como aponta Toni Morrison, *americanidade* significa definitivamente branquitude; imigrantes europeus que vieram para os Estados Unidos no final do século XIX e no início do século XX provaram sua assimilação entrando no clube da branquitude, afirmando seu endosso do contrato racial.[41] A piada antiga na comunidade negra é que a primeira palavra que o alemão, o escandinavo ou o italiano aprende na ilha Ellis, recém-saído do barco, é *nigger*. Negro americano, afro-americano, é um paradoxo, enquanto americano branco, euro-americano, é um pleonasmo. A branquitude é definida em parte em relação a uma escuridão que lhe é oposta, de modo que as autoconcepções brancas de identidade, pessoalidade e respeito próprio estão, assim, intimamente ligadas ao repúdio do Outro negro. Não importava o quão pobre alguém fosse, ainda era capaz de afirmar a branquitude que o distinguia das subpessoas do outro lado da linha de cor.

Há também uma dimensão cognitiva que é igualmente contínua com a tradição aristotélica. Historicamente, o indicador paradigmático da subpessoalidade tem sido a racionalidade deficiente, a incapacidade de exercer de modo pleno a característica classicamente pensada como aquela que nos distingue dos animais. Para o contrato social, é crucial para o argumento uma igualdade grosseira nos poderes cognitivos dos homens, ou pelo menos uma capacidade necessária básica de detectar a estruturação moral imanente do universo (a lei natural), ou o que é racionalmente necessário para a cooperação social. Para o contrato racial, de forma correspondente, afirma-se uma *des*igualdade básica na capacidade de diferentes grupos humanos de conhecer o mundo e detectar a lei natural. As subpessoas são consideradas cognitivamente inferiores, carentes da racionalidade essencial que as tornaria totalmente humanas.

Nas primeiras versões (teológicas) do contrato racial, essa diferença foi explicitada em termos de falta de vontade pagã de reconhecer a palavra de Deus. Um pastor do início do século XVII caracterizou os nativos americanos como dotados de

> um pouco de Humanidade, além de sua forma, ignorante da Civilidade, das artes, da religião; mais brutais que as bestas que eles caçam, mais selvagens e menos masculinos [do que] aquele país selvagem não habitado, que eles ocupam em vez de habitar; cativados também pela tirania de Satanás.[42]

Nas versões seculares posteriores, há uma incapacidade racial para a racionalidade, o pensamento abstrato, o desenvolvimento cultural, a civilização em geral (gerando esses espaços cognitivos obscuros no mapeamento do mundo pela Europa). Na filosofia, pode-se traçar esse fio comum através das especulações de Locke sobre as incapacidades das mentes primitivas, a negação de David Hume de que qualquer outra raça, exceto os brancos, havia criado civilizações válidas, as ideias de Kant sobre os diferenciais de racionalidade entre negros e brancos, a conclusão poligenética de Voltaire de que os negros eram uma espécie distinta e menos capaz, o julgamento de John Stuart Mill de que essas raças, "em sua não idade", estavam aptas apenas para o "despotismo". A suposição da inferioridade intelectual não branca era generalizada, mesmo que nem sempre elaborada no interior do aparato pseudocientífico que o darwinismo mais tarde tornaria possível. Uma vez que esse avanço teórico foi feito, é claro, houve uma tremenda efusão de tentativas de colocar a normatização em uma base quantificável — uma craniometria revitalizada, alegações sobre o tamanho do cérebro e das ondas cerebrais, medições de ângulos faciais, pronunciamentos sobre cabeças dolicocefálicas e braquicefálicas, recapitulacionismo e, finalmente, óbvio, a teoria do QI —, a característica supostamente correlacionada com a inteligência variando, mas sempre alcançando o resultado desejado de confirmar a inferioridade intelectual não branca.[43]

As implicações dessa negação da igualdade intelectual e da capacidade de cognição são várias. Uma vez que, como mencionado, ela impede a realização cultural, a negação convida à intervenção daqueles que são capazes de cultura. Uma vez que impede o desenvolvimento moral necessário para ser um agente moral e político responsável, ela obsta a adesão plena ao regime político. Uma vez que impede a percepção verídica do mundo, chega a barrar, em alguns casos, o testemunho em tribunal: os escravos nos Estados Unidos não tinham permissão para oferecer evidências contra seus senhores, nem os aborígines australianos poderiam testemunhar contra os colonos brancos. Em geral, ao longo de um período de séculos, o princípio epistêmico governante poderia ser posto como o requisito de que — pelo menos em questões controversas — a cognição não branca deve ser verificada pela cognição branca para ser aceita como válida. E é permitido substituir a cognição branca apenas em circunstâncias extremas e incomuns (grande número de testemunhas não brancas consistentes, algum tipo de desordem nas capacidades cognitivas do agente epistêmico branco etc.). (Complicações adicionais envolvem uma mudança do racismo biológico direto para um racismo "cultural" mais atenuado, em que a participação parcial na comunidade epistêmica é concedida quando os não brancos se mostram capazes de dominar a cultura ocidental branca.)

Finalmente, a normatização do indivíduo também envolve uma normatização específica do *corpo*, uma normatização estética. Juízos de valor moral são, claro, conceitualmente distintos dos juízos de valor estéticos, mas há uma tendência psicológica de misturar os dois, tal como ilustrado pelas convenções dos contos de fadas para crianças (e de alguns para adultos), com seu elenco de heróis bonitos, belas heroínas e vilões feios. Harmannus Hoetink argumenta que todas as sociedades têm uma "imagem de norma somática", que desencadeia alertas caso haja desvio.[44] E George Mosse aponta que o Iluminismo envolveu

> o estabelecimento de um estereótipo de beleza humana moldado a partir de modelos clássicos como a medida de todo o valor humano [...]. O racismo era uma ideologia visual baseada em estereótipos [...]. Beleza e feiura tornaram-se tanto princípios de classificação humana quanto fatores materiais de medição, do clima e do meio ambiente.[45]

O contrato racial torna o corpo branco a norma somática, de modo que, nas primeiras teorias racistas, encontramos não apenas julgamentos morais, mas estéticos, com raças bonitas e claras confrontadas com raças feias e escuras. Alguns não brancos eram próximos o suficiente dos caucasianos na aparência para que às vezes fossem vistos como bonitos, atraentes de uma forma exótica (nativos americanos, de vez em quando; taitianos; alguns asiáticos). Mas aqueles mais distantes do tipo somático caucasoide — paradigmaticamente, negros (africanos e também aborígines australianos) — foram estigmatizados como esteticamente repulsivos e desviantes. Winthrop Jordan documentou o fascínio de repulsa com que os ingleses discutiam a aparência dos africanos que encontraram nas primeiras expedições comerciais; e americanos como Thomas Jefferson expressaram sua antipatia às características negroides.[46] (Benjamin Franklin, curiosamente, opôs-se ao tráfico de escravos por motivos que eram pelo menos parcialmente estéticos, como uma espécie de programa de embelezamento para os Estados Unidos. Expressando sua preocupação de que a importação de escravos tinha "enegrecido metade da América", ele perguntou: "Por que ampliar os Filhos da África, plantando-os na América, onde temos uma Oportunidade tão justa, ao excluir todos os negros e taiwaneses, de aumentar os adoráveis Branco e Vermelho?".)[47]

Na medida em que essas normas são aceitas, os negros serão a raça mais alienada de seus próprios corpos — um destino particularmente doloroso para as mulheres negras que, como todas as mulheres, serão (pelos termos, aqui, do contrato *sexual*) valorizadas principalmente por sua aparência física, que em geral será considerada aquém do ideal caucasoide ou da pele clara.[48] Ademais, além de suas consequências óbvias para as relações sexuais intra e inter-raciais, essas normas também afetarão oportunidades e perspectivas de emprego, pois estudos confirmaram que a aparência física "agradável" dá uma vantagem na concorrência por empregos. Não por acaso os negros mestiços são aqueles representados diferencialmente no mundo do trabalho "branco". Eles tenderão, muitas vezes, pela sua formação, a ser mais bem instruídos também; contudo, um fator adicional é que os brancos ficam menos desconfortáveis fisicamente na presença deles. "Se temos que contratar algum deles", pode-se pensar, "pelo menos este se parece um pouco conosco".

O contrato racial subjaz ao contrato social moderno e está sendo continuamente reescrito

Feministas radicais argumentam que a opressão das mulheres é a opressão mais antiga. A opressão racial é muito mais recente. Enquanto as relações entre os sexos necessariamente remontam à origem da espécie, uma relação íntima e central entre a Europa como entidade coletiva e a não Europa, entre raças "brancas" e "não brancas", é um fenômeno da época *moderna*. Há controvérsia acadêmica contínua sobre a existência e a extensão do racismo na Antiguidade ("racismo" como um complexo de ideias, isto é, não um sistema político-econômico desenvolvido), e alguns escritores, como Frank Snowden, situam um período "antes do preconceito de cor", em que os negros são obviamente vistos como iguais, enquanto outros alegam que a intolerância grega e romana em relação aos negros existia desde o início.[49] Mas, obviamente, qualquer que seja a discordância sobre esse ponto, haveria de se concordar que a ideologia do racismo moderno é muito mais desenvolvida teoricamente do que os preconceitos antigos ou medievais e que está ligada (qualquer que seja a visão, idealista ou materialista, de prioridade causal) a um sistema de dominação europeia.

No entanto, essa divergência implica que são possíveis diferentes abordagens para o contrato racial. A abordagem que prefiro concebe-o criando não apenas a exploração racial, *mas a própria raça* como uma identidade de grupo. Em um vocabulário contemporâneo, o contrato racial "constrói" a raça. (Para outras abordagens, por exemplo, mais essencialistas, a autoidentificação racial *precederia* a elaboração do contrato racial.) Pessoas "brancas" não preexistem, mas são trazidas à existência *como* "brancas" pelo contrato racial — daí a transformação peculiar da população humana que acompanha este contrato. A raça branca é *inventada*, a pessoa se torna "branca por lei".[50]

Nesse quadro, então, os tempos áureos da teoria do contrato (1650 a 1800) coincidiram com o crescimento de um capitalismo europeu cujo desenvolvimento foi estimulado pelas viagens de exploração que deram ao contrato cada vez mais um subtexto *racial*. A evolução da versão moderna do contrato, caracterizada por um liberalismo iluminista antipatriarcalista, com suas proclamações de igualdade de direitos, autonomia e liberdade de todos os homens, ocorreu, portanto, simultaneamente ao massacre, à expropriação e à sujeição à escravidão hereditária de homens pelo menos aparentemente humanos. Essa contradição precisa ser reconciliada; ela o é através do contrato racial, que essencialmente nega a pessoalidade dos negros e restringe os termos do contrato social aos brancos. "Invadir e desapropriar o povo de um país civilizado não beligerante violaria a moralidade e transgrediria os princípios do direito internacional", escreve Jennings, "mas os selvagens eram exceção. Sendo incivilizados por definição, eles estavam fora das sanções da moralidade e da lei."[51] O contrato racial é, portanto, a verdade do contrato *social*. Há algumas evidências diretas de que isso está nos escritos dos próprios teóricos clássicos do contrato. Ou seja, não é meramente uma questão de reconstrução intelectual hipotética de minha parte, argumentando sem fundamento que o termo "homens" deve realmente ser entendido como "homens brancos". Já Hugo Grotius, cujo trabalho do início do século XVII sobre direito natural forneceu a base teórica crucial para os contratualistas posteriores, expressa, como Robert Williams apontou, o julgamento sinistro de que, para "bárbaros", "bestas selvagens em vez de homens, pode-se dizer com razão [...] que a guerra mais justa é contra bestas selvagens, e depois disso contra homens que são como bestas".[52] Mas vamos nos concentrar apenas nos quatro mais importantes teóricos do contrato: Hobbes, Locke, Rousseau e Kant.[53]

Considere, para começar, a situação notoriamente bestial do estado de natureza em Hobbes, um estado de guerra em que a vida é "deplorável, brutal e curta". Em uma leitura superficial, pode parecer que essa caracterização não é racial, sendo igualmente aplicável a todos, mas observe o que ele diz ao considerar a objeção de que "nunca houve tal tempo, nem condição de guerra como esta". Ele responde: "Eu acredito que nunca foi assim de modo geral, em todo o mundo: mas há muitos lugares, onde se vive assim agora", e seu exemplo era: "as pessoas selvagens em muitos lugares da *América*".[54] Assim, um povo não branco, de fato, precisamente, as pessoas não brancas cuja terra os europeus então invadiam, é seu único exemplo de vida real de um povo em estado de natureza. (E, de fato, foi apontado que as expressões e a terminologia da caracterização de Hobbes podem muito bem ter derivado diretamente dos escritos de seus contemporâneos sobre a colonização nas Américas. O "explorador" Walter Raleigh descreveu uma guerra civil como "um estado de guerra, que é o mero estado da Natureza dos Homens fora da comunidade, onde todos têm o mesmo direito a todas as coisas". E dois outros autores da época caracterizaram os habitantes das Américas como "pessoas [que] viviam como animais selvagens, sem religião, nem governo, nem cidade, nem casas, sem cultivar a terra, nem vestir seus corpos" e "pessoas vivendo ainda como os primeiros homens, sem letras, sem leis, sem reis, sem riquezas comuns, sem artes... não civilizados por natureza".)[55]

No parágrafo seguinte, Hobbes prossegue argumentando que, "embora nunca tenha havido nenhum momento em que os homens estivessem em condição de guerra uns contra os outros", há, "em todos os tempos", um estado de "ciúmes contínuos" entre reis e pessoas de autoridade soberana. Ele presumivelmente enfatiza essa contenda para que o leitor possa imaginar o que aconteceria na ausência de um "poder comum a ser temido".[56] Mas o texto é confuso. Como se poderia simultaneamente afirmar que "nunca tenha havido" nenhuma guerra no estado de natureza literal quando, no parágrafo anterior, ele acabara de dizer que alguns *estavam* vivendo daquela forma agora? Como resultado dessa ambiguidade, Hobbes tem sido caracterizado como um contratualista literal por alguns comentadores e como um contratualista hipotético por outros. Mas acho que esse pequeno mistério pode ser esclarecido quando reconhecemos que há uma lógica racial tácita no texto:

o estado de natureza *literal* é reservado para os não brancos; para os brancos, o estado da natureza é *hipotético*. O conflito entre brancos é o conflito entre aqueles com *soberanos*, ou seja, aqueles que já estão (e sempre estiveram) em sociedade. A partir desse conflito, pode-se extrapolar (apontando para o abismo racial, por assim dizer) o que aconteceria na ausência de um soberano governante. Mas realmente sabemos que os brancos são racionais demais para permitir que isso aconteça com *eles*. Assim, o mais notório estado de natureza na literatura contratualista — a guerra bestial de todos contra todos — é, na verdade, uma imagem *não branca*, uma lição de algo racial para os brancos mais racionais, cuja compreensão superior da lei natural (aqui em sua versão prudencial, e não a altruísta) lhes permitirá dar os passos necessários para evitá-la e não se comportar como "selvagens".

De forma padronizada, Hobbes tem sido visto como um escritor estranhamente transicional, preso entre o absolutismo feudal e a ascensão do parlamentarismo, que usa o contrato agora classicamente associado ao surgimento do liberalismo para defender o absolutismo. Mas pode-se argumentar que ele é transicional de outra maneira, na medida em que, na Grã-Bretanha de meados do século XVII, o projeto imperial ainda não estava tão desenvolvido a ponto de ter o aparato intelectual de subordinação racial completamente elaborado. Hobbes continua de certa forma ligado a um igualitarismo racial que, enquanto destaca os nativos americanos como seu exemplo da vida real, sugere que, sem um soberano, *mesmo os europeus* poderiam regredir para o estado desses povos, e que o governo absolutista, apropriado para não brancos, também poderia ser apropriado para os brancos.[57] O alvoroço com que seu trabalho foi recebido pode ser atribuível, pelo menos em parte, a essa sugestão moral/política. A disseminação do colonialismo consolidaria um mundo intelectual no qual esse estado de natureza bestial estaria reservado a selvagens não brancos, para ser governado despoticamente, enquanto os europeus civilizados desfrutariam dos benefícios do parlamentarismo liberal. *O contrato racial começou a subjazer ao contrato social.*

Pode-se ver melhor essa transição na época de Locke, cujo estado de natureza é normativamente regulado pela lei natural tradicional (altruísta, não prudencial). Trata-se de um estado de natureza moralizado, em que a propriedade privada e o dinheiro existem; de fato, um estado de natureza virtualmente civilizado. Os brancos podem, portanto, estar literalmente nesse estado de natureza (por um breve período, pelo menos) sem que isso ponha em questão suas qualidades inatas. Locke argumenta que Deus deu o mundo "ao uso do Labutador e do Racional", cujas qualidades foram indicadas pelo trabalho. Assim, enquanto ingleses labutadores e racionais trabalhavam duro em casa, na América, em contraste, encontravam-se "bosques selvagens e terras desertas não cultivadas [...] deixados para a Natureza" pelos indígenas ociosos.[58] Embora eles compartilhem o estado de natureza por um tempo com os não brancos, sua permanência é necessariamente mais breve, já que os brancos, ao se apropriarem e agregarem valor a esse mundo natural, exibem sua racionalidade superior. Portanto, o modo de apropriação dos nativos americanos não é um modo real de apropriação, produzindo direitos de propriedade que podem ser de pronto anulados (se é que sequer existam) e, assim, tornando seus territórios normativamente abertos para confisco, uma vez que aqueles que há muito *deixaram* o estado de natureza (europeus) os encontrem. A tese de Locke viria a ser, de fato, o pilar central do contrato de expropriação — "o principal delineamento filosófico dos argumentos normativos que sustentam a conquista da América pela civilização branca", escreve Williams[59] —, e não apenas nos Estados Unidos, mas, mais tarde, nos outros estados coloniais brancos na África e no Pacífico. As economias aborígines não aprimoravam a terra e, portanto, poderiam ser consideradas inexistentes.

A prática, e muito possivelmente também a teoria, de Locke teve seu papel no contrato de escravidão. No *Segundo tratado*, Locke defende a escravização resultante de uma guerra justa, por exemplo, uma guerra defensiva contra uma agressão. Isso dificilmente seria uma caracterização precisa dos grupos invasores europeus em busca de escravos africanos; de toda forma, no mesmo capítulo, Locke se opõe explicitamente à escravização hereditária e à escravização de esposas e crianças.[60] Ainda assim, ele tinha investimentos na companhia de comércio de escravos Royal Africa Company e, antes disso, ajudou a escrever a constituição da escravidão da Carolina. Assim, pode-se argumentar que o contrato racial se manifesta aqui em uma inconsistência surpreendente, que poderia ser resolvida pela suposição de que Locke via os negros como não totalmente humanos e, portanto, sujeitos a um conjunto diferente de regras normativas. Ou talvez a mesma lógica moral lockeana que encampava os nativos americanos possa ser estendida aos negros. Não estavam se apropriando de seu continente natal na África; eles não são racionais; eles podem ser escravizados.[61]

Os escritos de Rousseau podem parecer uma espécie de exceção. Afinal, é a seu trabalho que a noção de "bom selvagem" está associada (embora a expressão não seja realmente dele). E, na reconstrução das origens da sociedade no *Discurso sobre a desigualdade*, todos são vistos como tendo vivido no estado de natureza (e, portanto, tendo sido "selvagens") em um momento ou outro. Mas uma leitura cuidadosa do texto revela, mais uma vez, distinções raciais importantes. Os únicos selvagens naturais citados são os selvagens *não brancos*, enquanto os exemplos de selvagens europeus ficam restritos a relatos de crianças selvagens criadas por lobos e ursos, práticas de criação de filhos (dizem-nos) comparáveis às dos hotentotes e caraíbas.[62] (Os europeus são tão intrinsecamente civilizados que é necessário que sejam criados por animais para que *eles* se transformem em selvagens.) Para a Europa, a selvageria está em um passado sombrio e distante, uma vez que a metalurgia e a agricultura são as invenções que levam à civilização, e verifica-se que

> uma das melhores razões pelas quais a Europa, se não a primeira a ser civilizada, tenha sido pelo menos mais continuamente e mais bem civilizada que outras partes do mundo talvez seja o fato de que ela é, ao mesmo tempo, a parte mais rica em ferro e a mais fértil para o trigo.

Mas Rousseau escrevia mais de duzentos anos após o encontro europeu com os grandes impérios asteca e inca; não havia lá pelo menos um pouco de metalurgia e agricultura em evidência? Aparentemente não: "Tanto a metalurgia quanto a agricultura eram desconhecidas dos selvagens da América, que portanto sempre permaneceram selvagens".[63] Assim, mesmo o que inicialmente parece ser um determinismo ambiental mais amplo, que abriria a porta para o igualitarismo racial, em vez da hierarquia racial, degenera em massiva amnésia histórica e deturpação factual, impulsionadas pelos pressupostos do contrato racial.

Além disso, para tornar o ponto óbvio, mesmo que alguns dos selvagens não brancos de Rousseau fossem "bons", física e psicologicamente mais saudáveis do que os europeus da sociedade degradada e corrupta produzida pelo contrato falso da vida real, eles ainda seriam *selvagens*. Assim, são seres primitivos que não fazem parte de verdade da sociedade civil, estando pouco acima dos animais, sem linguagem. Deixar o estado de natureza, como argumenta Rousseau em *O contrato social*, sua abordagem posterior de um regime ideal, é necessário para que nos tornemos agentes morais plenamente humanos, seres capazes de justiça.[64] Assim, o louvor aos selvagens não brancos é um elogio paternalista limitado, equivalente à admiração por animais saudáveis, de forma alguma implicando igualdade, muito menos superioridade, em relação aos europeus civilizados do regime ideal. A dicotomização racial subjacente e a hierarquia de civilizados e selvagens permanecem bastante claras.

Finalmente, a versão de Kant do contrato social é, de certa forma, a melhor ilustração das garras do contrato racial sobre os europeus, uma vez que, a essa altura, o contrato real e a dimensão histórica do contratualismo haviam aparentemente desaparecido por completo. Então, se for para acontecer em algum lugar, é aqui, alguém pensaria — neste mundo de pessoas abstratas, demarcadas como tal apenas por sua racionalidade — que a raça teria se tornado irrelevante. Mas como Emmanuel Eze demonstrou recentemente com grande detalhe, esse retrato ortodoxo é radicalmente enganador, e a natureza das

Detalhes

"pessoas" kantianas e do "contrato" kantiano realmente deve ser repensada.[65] Pois acontece que Kant, amplamente considerado o teórico moral mais importante do período moderno, em certo sentido, o pai da teoria moral moderna, e — através dos trabalhos de John Rawls e Jürgen Habermas — cada vez mais central para a filosofia política moderna, é *também* o pai do conceito moderno de raça.[66] Seu ensaio de 1775, "*Von den Verschiedenen Rassen der Menschen*" (Das diferentes raças humanas), é uma afirmação clássica pró-hereditária e antiambientalista da "imutabilidade e permanência da raça". Para ele, comenta George Mosse, "a composição racial torna-se uma substância imutável e a base de toda aparência física e de todo desenvolvimento humano, incluindo a inteligência".[67] O famoso teórico da pessoalidade é também o teórico da subpessoalidade, embora essa distinção seja — e aqui alguém desconfiado pode quase pensar em uma conspiração para esconder verdades embaraçosas — muito menos conhecida.

Como Eze indica, Kant ensinou antropologia e geografia física por quarenta anos, e seu trabalho filosófico realmente precisa ser lido *em conjunto com essas aulas* para se entender quão racializada era sua visão sobre o caráter moral. Seu comentário em *Observações sobre o sentimento do belo e do sublime* é bem conhecido e frequentemente citado por intelectuais negros: "Tão fundamental é a diferença entre as raças [negras e brancas] do homem [...] esta parece ser tão grande em relação às capacidades mentais quanto na cor", de modo que "uma prova clara de que o que [um negro] disse era estúpido" era que "esse sujeito era bastante negro da cabeça aos pés".[68] A questão do ensaio de Eze é que essa observação não é de forma alguma isolada nem uma linha casual descartável, que, embora naturalmente lamentável, não tem maiores implicações. Em vez disso, ela vem de uma já desenvolvida teoria da raça e das correspondentes capacidade e limitação intelectuais. A observação apenas *parece* casual, não incorporada a uma teoria maior, porque a filosofia acadêmica branca como instituição não teve interesse em pesquisar, buscar as implicações e dar a conhecer ao mundo essa dimensão do trabalho de Kant.

Na verdade, Kant demarca e teoriza uma hierarquia racial codificada por cores de europeus, asiáticos, africanos e nativos americanos diferenciada por seu grau de *talento* inato. Eze explica:

"Talento" é aquilo que, por "natureza", garante para o "branco", na ordem racial, racional e moral de Kant, a posição mais elevada acima de todas as criaturas, seguido pelo "amarelo", o "preto" e depois o "vermelho". A cor da pele, para Kant, é evidência de "talento" superior, inferior ou de nenhum "dom", ou a capacidade de desenvolver a razão e a perfectibilidade racional-moral por meio da educação [...]. Não se pode, portanto, argumentar que a cor da pele, para Kant, era apenas uma característica física. É, antes, evidência de uma qualidade moral que não muda nem pode ser mudada.

Os europeus, para surpresa de ninguém, presumo, têm todos os talentos necessários para serem moralmente autoeducados; há alguma esperança para os asiáticos, embora não tenham a capacidade de desenvolver conceitos abstratos; os africanos, inatamente preguiçosos, podem pelo menos ser educados como servos e escravos através da instrução da vara de bambu (Kant dá alguns conselhos úteis sobre como bater nos negros com eficiência); e os miseráveis nativos americanos são simplesmente um caso perdido: não podem ser educados de forma alguma. Então, em completa oposição à imagem de seu trabalho que chegou até nós e é ensinado de forma padrão em cursos introdutórios de ética, a pessoalidade plena, para Kant, de fato, depende da raça. Como resume Eze: "A pessoa negra, por exemplo, pode ter a humanidade plena legitimamente negada, já que a humanidade plena e 'verdadeira' se encontra apenas no europeu branco".[69]

O furor recente sobre Paul de Man[70] e, décadas antes, Martin Heidegger, por cumplicidade com os nazistas, portanto, precisa ser colocado em perspectiva. Esses são essencialmente jogadores menores, de várzea. É preciso distinguir a teoria da prática real, claro, e não estou dizendo que Kant teria endossado o genocídio. Mas *o fato embaraçoso para o Ocidente branco (que sem dúvida explica sua ocultação) é que seu teórico moral mais importante dos últimos trezentos anos é também o teórico fundamental no período moderno da divisão entre* Herrenvolk *e* Untermenschen, *pessoas e subpessoas, que posteriormente seria explorada pela teoria nazista.* A teoria moral moderna e a teoria racial moderna têm o mesmo pai.

O contrato racial, portanto, subjaz ao contrato social, é um operador visível ou oculto que restringe e modifica o escopo de suas prescrições. Mas, assim como há variação sincrônica e diacrônica, existem muitas versões diferentes ou instanciações locais do contrato racial, e elas evoluem ao longo do tempo, de modo que a própria força efetiva do contrato social se modifica, e o tipo de dissonância cognitiva entre os dois se altera. (Essa mudança tem implicações para a psicologia moral dos signatários brancos e seus padrões característicos de percepção e cegueira.) O contrato social é (em sua versão histórica original) um evento discreto específico que funda a sociedade, mesmo que (através, por exemplo, das teorias lockeanas do consentimento tácito) as gerações subsequentes continuem a ratificá-lo de forma contínua. Em contraste, o contrato racial está *sendo continuamente reescrito* para criar diferentes formas de regime racial. Uma periodização global, uma visão temporal geral da evolução do contrato racial, destacaria, em primeiro lugar, a divisão crucial entre o tempo antes e o tempo depois da institucionalização da supremacia branca global. (Assim, o livro de Janet Abu-Lughod sobre o sistema mundial medieval dos séculos XIII/XIV é intitulado *Before European Hegemony*.)[71] O período posterior seria subdividido em período de supremacia branca formal e jurídica (a época da conquista europeia, da escravização africana e do colonialismo europeu, da autoidentificação racial branca explícita e da hegemonia amplamente indiscutível das teorias racistas) e o período atual da supremacia branca *de facto*, quando o domínio dos brancos é, na maior parte, não mais constitucional e juridicamente consagrado, mas sim uma questão de privilégio social, político, cultural e econômico baseado no legado da conquista.

No primeiro período, o período da supremacia branca *de jure*, o contrato racial era explícito, as instanciações características — o contrato de expropriação, o contrato escravo, o contrato colonial — deixavam claro que os brancos eram a raça privilegiada e que o contrato social igualitário se aplicava apenas a eles. (Cognitivamente, então, esse período teve a grande virtude da transparência social: a supremacia branca foi *abertamente* proclamada. Não era preciso procurar um *sub*texto, porque ele estava lá no próprio texto.) No segundo período, por outro lado, o contrato racial *produziu seu próprio apagamento da existência formal*. O escopo dos termos do contrato social foi formalmente estendido para se aplicar a todos, de modo que "pessoas" não seja mais coextensivo a "brancos". O que caracteriza *esse* período (que é, claro, o presente) é a tensão entre o privilégio branco contínuo *de facto* e essa extensão *formal* de direitos. O contrato racial continua a se manifestar, claro, em acordos locais não oficiais de vários tipos (pactos restritivos, contratos de discriminação no mercado de trabalho, decisões políticas sobre alocação de recursos etc.). Mas, mesmo que deixássemos isso de lado, uma manifestação crucial é simplesmente *o fracasso em formular certas perguntas*, tomando como status quo e ponto de partida a presente distribuição, informada pela cor da pele, de riqueza, pobreza, propriedade e oportunidades, a pretensão de que a igualdade formal e jurídica é suficiente para remediar desigualdades criadas em uma base de várias centenas de anos de privilégio racial, e que questionar essa base é uma transgressão dos termos do contrato social. (Se bem que, em certo sentido, de fato é uma transgressão, na medida em que o contrato racial é o verdadeiro significado do contrato social.)

No contexto global, o contrato racial efetua uma derradeira e paradoxal normatização e racialização do espaço, uma *caracterização* no regime de certos espaços como conceitual e historicamente irrelevantes para o desenvolvimento europeu e do euromundo, de modo que esses espaços racializados são categorizados como apartados da rota da civilização (ou seja, o projeto europeu). Fredric Jameson escreveu:

> Colonialismo significa que um segmento estrutural significativo do sistema econômico como um todo está agora localizado em outro lugar, além da metrópole, fora da vida cotidiana e da expe-

riência existencial do país de origem [...]. Essa disjunção espacial tem como consequência imediata a incapacidade de compreender a forma como o sistema funciona como um todo.[72]

Pela decisão do contrato social de permanecer no espaço do Estado-nação europeu, a conexão entre o desenvolvimento de indústria, cultura, civilização desse espaço e as contribuições materiais e culturais da Afro-Ásia e das Américas é negada; assim, parece que o espaço e seus habitantes são peculiarmente racionais e diligentes, diferencialmente dotados das qualidades que lhes permitiram dominar o mundo. Fala-se então do "milagre europeu" como uma forma de conceber essa região outrora marginal como *sui generis*, separando-a conceitualmente da teia de conexões espaciais que possibilitaram seu desenvolvimento. Na verdade, *esse* espaço passa a ter o caráter que tem em decorrência da causalidade exploradora extrativista estabelecida entre ele e aqueles *outros* espaços conceitualmente invisíveis. Mas, ao permanecer dentro dos limites do espaço europeu do contrato abstrato, ele é valorizado como único, inimitável, autônomo. Outras partes do mundo desaparecem da história contratualista branca, absorvidas na categoria geral de espaço não europeu risível, o "Terceiro Mundo", onde, por razões de insensatez local e praga geográfica, o modelo inspirador do contrato social branco autossuficiente não pode ser seguido.

Nacionalmente, no interior desses regimes raciais, o contrato racial se manifesta na resistência branca a qualquer coisa além da extensão *formal* dos termos do contrato social abstrato (e muitas vezes a isso também). Enquanto antes se negava que os não brancos *fossem* pessoas iguais, agora finge-se que os não brancos são pessoas abstratas iguais que podem ser totalmente incluídas no regime apenas estendendo-se o escopo do operador moral, sem qualquer mudança fundamental nos arranjos resultantes do sistema prévio de privilégio racial explícito *de jure*. Às vezes, as novas formas assumidas pelo contrato racial são evidentemente exploradoras, por exemplo, o contrato *jim crow*, cuja reivindicação de "separados, mas iguais" era patentemente ridícula. Mas outros — o contrato de discriminação no trabalho, o pacto restritivo — são mais difíceis de provar. As agências de emprego usam subterfúgios de vários tipos:

> Em 1990, por exemplo, dois ex-funcionários de uma das maiores agências de emprego da cidade de Nova York divulgaram que a discriminação era praticada rotineiramente contra candidatos negros, embora ocultada por trás de uma série de palavras-código. Clientes que não quisessem contratar negros indicariam sua preferência por candidatos que fossem *"All American"*. Por sua vez, a agência sinalizaria que o candidato era negro invertendo as iniciais do agente de seleção.[73]

Da mesma forma, um estudo de como o "apartheid americano" se mantém aponta que, enquanto no passado os corretores de imóveis teriam simplesmente se recusado a vender para negros, agora os negros

> são atendidos por um corretor de imóveis com rosto sorridente que, com uma série de artimanhas, mentiras e enganações, torna difícil para eles se informar, inspecionar, alugar ou comprar casas em bairros brancos. [...] Como a discriminação é latente, no entanto, em geral ela não é observável, nem mesmo para a pessoa que a vivencia. Nunca se sabe ao certo.[74]

Os não brancos, então, descobrem que a raça está, paradoxalmente, em todos os lugares e em lugar algum, estruturando suas vidas, mas não formalmente reconhecida na teoria política/moral. Mas, em um regime racialmente estruturado, as únicas pessoas que podem achar psicologicamente possível negar a centralidade da raça são aquelas que são racialmente privilegiadas, para quem a raça é invisível justo porque o mundo está estruturado em torno delas, a branquitude como o terreno contra o qual as figuras de outras raças — aqueles que, ao contrário de nós, são racializados — aparecem. O peixe não vê a água, e os brancos não veem a natureza racial de um regime branco porque, para eles, é natural o elemento em que se movem. Como Toni Morrison aponta, há contextos em que alegar a ausência de raça é em si um ato racial.[75]

Os debates contemporâneos entre não brancos e brancos sobre a condição de centralidade ou de periferia da raça podem, portanto, ser vistos como tentativas, respectivamente, de apontar e negar a existência do contrato racial que sustenta o contrato social. O problema frustrante que os não brancos sempre tiveram, e continuam a ter, com a teoria política dominante não é com a abstração *em si* (afinal, o "contrato racial" é em si uma abstração), mas com uma abstração *idealizante* que *torna abstrata* a realidade crucial do regime racial.[76] A mudança para o contrato hipotético e ideal incentiva e facilita essa abstração, uma vez que as características eminentemente *não* ideais do mundo real não fazem parte do aparato. Então, em certo sentido, não há nenhum ponto de entrada conceitual para começar a falar sobre a maneira fundamental como (como todos os não brancos sabem) a raça estrutura a vida de uma pessoa e afeta suas oportunidades de vida.

A professora de direito negra Patricia Williams reclama de uma neutralidade ostensiva que é realmente "racismo *in drag*", um sistema de "racismo como status quo" que é "profundo, raivoso, excluído da visão", mas que continua a fazer com que as pessoas "evitem o fantasma como fizeram com a substância", "se submetendo à forma invisível das coisas".[77] O professor de filosofia negro Bill Lawson comenta as deficiências do aparato conceitual do liberalismo tradicional, que não tem espaço para o peculiar status pós-emancipação dos negros, simultaneamente cidadãos e não cidadãos.[78] A filósofa do direito negra Anita Allen relembra a ironia dos textos-padrão da filosofia do direito americana, que descrevem um universo no qual "todos os seres humanos são paradigmáticos detentores de direitos" e não veem necessidade de observar que a verdadeira história dos Estados Unidos é um pouco diferente.[79] O recuo da teoria moral e política normativa dominante para uma teoria "ideal" que ignora a raça meramente reescreve o contrato racial como a escrita invisível nas entrelinhas. Assim, John Rawls, um americano que trabalhava no final do século XX, escreveu um livro sobre justiça amplamente creditado por reviver a filosofia política do pós-guerra em que não se pode encontrar nem uma única referência à escravidão americana e seu legado; e Robert Nozick cria uma teoria da justiça nas propriedades baseadas na aquisição e na transferência legítimas sem usar mais do que duas ou três frases reconhecendo a divergência absoluta da história dos Estados Unidos com relação a esse ideal.[80]

O silêncio da filosofia moral e política dominante em questões de raça é um sinal do poder contínuo do contrato sobre seus signatários, um daltonismo ilusório que realmente reforça o privilégio branco. Uma genuína transcendência de seus termos exigiria, como preliminar, o reconhecimento de sua existência passada e presente e as implicações sociais, políticas, econômicas, psicológicas e morais que teve tanto para seus executores quanto para suas vítimas. Ao tratar o presente como algo de certo modo neutro, dada a configuração atual de riqueza, propriedade, posição social e propensão psicológica ao sacrifício, o contrato social idealizado torna permanente o legado do contrato racial. O abismo cada vez mais profundo entre o Primeiro Mundo e o Terceiro Mundo, onde milhões — em grande parte não brancos — morrem de fome a cada ano e muitas mais centenas de milhões — também em grande parte não brancos — vivem na miséria, é visto como algo lastimável (conclamando, certamente, ocasionais contribuições de caridade), mas não relacionado à história transcontinental e intracontinental da exploração racial.

Finalmente, o contrato racial evolui não apenas alterando as relações entre brancos e não brancos, mas mudando os critérios de quem *conta* como branco e não branco. (Portanto, não apenas as relações entre as respectivas populações mudam, mas as próprias fronteiras da população também mudam.) Assim — pelo menos na minha abordagem predileta do contrato racial (novamente, outras abordagens são possíveis) —, a raça é *desbiologizada*, tornando explícita sua base política. *Em certo sentido, o contrato racial constrói seus signatários tanto quanto eles o constroem.* A tendência geral é de uma expansão limitada da população humana privilegiada por meio do "branqueamento" do grupo anteriormente excluído em questão, embora possa haver reversões locais.

O projeto nazista pode então ser visto em parte como uma tentativa de voltar no tempo, reescrevendo uma versão mais exclusivista do contrato racial do que era globalmente aceitável na época. (Um escritor sugere, de modo irônico, que essa foi "a tentativa dos alemães de se tornarem mestres da raça mestra".)[81] E esse retrocesso leva a um problema. Minha categorização (branco/não branco, pessoa/subpessoa) tem as virtudes da elegância e da simplicidade e parece-me mapear com precisão as características essenciais do regime racial para desmembrar a realidade social em suas juntas ontológicas. Mas, uma vez que, como um par de contraditórios, essa categorização é conjuntamente exaustiva das possibilidades, ela suscita a questão de onde localizar o que poderia ser chamado de europeus "limítrofes", pessoas questionavelmente brancas — irlandeses, eslavos, mediterrâneos e, acima de tudo, claro, judeus. Nas guerras coloniais com a Irlanda, os ingleses costumavam usar imagens depreciativas — "selvagens", "canibais", "aparência bestial" — que agora parecem inacreditáveis se aplicadas aos brancos.[82] A onda de imigração irlandesa, de meados do século XIX, para os Estados Unidos estimulou um cínico a observar que "seria uma boa coisa se todo irlandês matasse um *nigger* e depois fosse enforcado por isso", e caricaturas nos jornais muitas vezes representavam os irlandeses como símios. O racismo europeu contra os não brancos tem sido o meu foco, mas também havia variedades *intra*europeias de "racismo" — teutonismo, anglo-saxonismo, nordicismo — que hoje são de grande interesse antiquário, mas que foram influentes na década de 1920 a ponto de a lei de imigração dos Estados Unidos favorecer os "nórdicos" em detrimento dos "mediterrâneos". (Há algum reconhecimento dessa distinção na cultura popular. Os fãs de *Cheers* lembrarão que a garçonete "italiana" Carla [Rhea Perlman], morena de cabelos encaracolados, às vezes chama de "Branquinha" a loira WASP* de "pele de alabastro" Diane [Shelley Long]; e no filme *Zebrahead*, de 1992, dois adolescentes negros discutem a questão de saber se os italianos são *realmente* brancos.) Finalmente, os judeus, claro, têm sido vítimas da discriminação e dos pogroms antissemitas da Europa cristã desde os tempos medievais, com esse registro de perseguição atingindo seu horrível clímax sob o Terceiro Reich.

Como, então, esses europeus devem ser categorizados, dada a dicotomia branco/não branco? Uma solução seria rejeitá-la em favor de uma divisão em três ou quatro categorias. Mas estou relutante em fazer isso, já que acho que a partição diádica realmente capta a estrutura essencial do regime racial global. Minha solução, portanto, é reter, "tornando-as difusas", as categorias, e introduzir distinções internas a elas. Já apontei que alguns não brancos ("bárbaros" contra "selvagens") eram classificados acima dos outros; por exemplo, os chineses e os indianos teriam sido colocados acima dos africanos e aborígines australianos. Assim, parece que também se podem ranquear os brancos; e, de fato, Winthrop Jordan observa que, "se os europeus eram brancos, alguns eram mais brancos do que outros".[83] Então, todos os brancos são iguais, mas alguns são mais brancos e, portanto, mais iguais do que outros, e todos os não brancos são desiguais, mas alguns são mais negros e, portanto, mais desiguais que outros. O corte conceitual básico, a divisão primária, então, continua sendo entre brancos e não brancos, e o status difuso dos brancos inferiores é abrangido

---

* WASP é um acrônimo para *White Anglo-Saxon Protestant*, ou seja, Branco Anglo-Saxão Protestante. (N. T.)

pela categoria de "esbranquiçado", em vez de não branco. Comentando o fracasso dos "valentes esforços dos ingleses para transformar seus sentimentos etnocêntricos de superioridade sobre os irlandeses 'negros' em racismo", Richard Drinnon conclui que "os celtas foram no máximo *'niggers brancos'* aos seus olhos".[84] E, com exceção da Alemanha nazista, a ser discutida mais tarde, isso parece-me um julgamento que poderia ser generalizado para todos esses casos de europeus limítrofes — que eles não eram *subpessoas* no sentido técnico completo e que todos teriam sido classificados ontologicamente acima dos verdadeiros não brancos. A facilidade com que agora eles foram assimilados na Europa do pós-guerra e aceitos como completamente brancos nos Estados Unidos é evidência da correção dessa maneira de fazer a distinção.

No entanto, esses casos problemáticos são úteis para ilustrar — contra os essencialistas — a base social e não biológica do contrato racial. Brancura fenotípica e origem europeia nem sempre foram suficientes para a Branquitude *plena*, aceitação no santuário interno do clube racial, e as regras tiveram que ser reescritas para permitir a inclusão. (Um livro recente, por exemplo, tem por título How the Irish Became White [Como os irlandeses se tornaram brancos].)[85] Por outro lado, existem grupos "claramente" não brancos que conjunturalmente passaram a ser vistos como tal. Os japoneses foram classificados como "brancos honorários" para o propósito da aliança do Eixo, o restritivo contrato racial local (assim como na África do Sul sob o apartheid), enquanto eram classificados como não brancos verminosos em relação aos Aliados Ocidentais, herdeiros do contrato racial global.[86] Um século atrás, na época do domínio europeu sobre a China e da rebelião dos Boxers, os chineses eram uma raça degradada, colavam-se cartazes dizendo "Não são permitidos cães ou chineses", e eles enfrentavam pesadas restrições imigratórias e discriminação nos Estados Unidos. As representações de "perigo amarelo" dos chineses na mídia popular americana no início do século XX incluíam os sinistros orientais dos romances Fu Manchu, de Sax Rohmer, e Ming, o Impiedoso, inimigo de Flash Gordon. Mas hoje, nos Estados Unidos, os asiáticos são vistos como uma "minoria modelo", até mesmo (de acordo com Andrew Hacker) "brancos em estágio probatório", que podem chegar lá se persistirem por tempo suficiente. "Amarelo é preto ou branco?", pergunte a um historiador asiático-americano; a resposta varia.[87] O ponto, então, é que os requisitos de adesão à Branquitude são reescritos ao longo do tempo, com critérios variáveis prescritos pelo contrato racial em evolução.

O contrato racial tem que ser aplicado por meio da violência e do condicionamento ideológico

O contrato social é, por definição, classicamente voluntarista, modelando o regime político com base no consentimento individualizado. O que justifica a autoridade do Estado sobre nós é que "nós, o povo", *concordamos* em dar-lhe essa autoridade. (No modelo patriarcal "feudal" mais antigo, em contraste — o modelo de Sir Robert Filmer, alvo de Locke no *Segundo tratado* —, as pessoas eram representadas como *nascidas em* subordinação.)[88] A legitimidade do Estado deriva do consentimento livremente dado pelos signatários para transferir ou delegar seus direitos a ele, e seu papel na versão moralizada/constitucionalista dominante do contrato (lockeano/kantiano) é, de forma correspondente, proteger esses direitos e salvaguardar o bem-estar de seus cidadãos. O Estado liberal-democrático é, então, um Estado ético, seja na versão minimalista e lockeana de vigia noturno, de impor a não interferência sobre os direitos dos cidadãos, seja na versão redistributivista mais expansiva, de promover ativamente o bem-estar dos cidadãos. Em ambos os casos, o Estado liberal é neutro no sentido de não privilegiar alguns cidadãos em detrimento de outros. De modo correspondente, as leis aprovadas têm como justificativa essa regulamentação jurídica do sistema político para fins morais aceitáveis, de modo geral.

Esse modelo idealizado do Estado liberal-democrático, claro, tem sido desafiado a partir de várias direções políticas ao longo do século XX, mais ou menos: a crítica moral hegeliana recentemente revivida a partir da perspectiva de um ideal concorrente, supostamente superior, um Estado *comunitário* que busca ativamente promover uma concepção comum do bem; a versão degradada disso, no Estado *corporativista* fascista; o desafio anarquista a *todos* os Estados como corpos usurpadores de violência legitimada; e o que tem sido a crítica radical mais influente até pouco tempo atrás, a análise marxista do Estado como instrumento de poder de classe, de modo que o Estado liberal-democrático é supostamente desmascarado como o Estado *burguês*, o Estado da classe dominante.

Minha posição é de que o modelo do contrato racial nos mostra que precisamos de uma alternativa, outra maneira de teorizar e criticar o Estado: o Estado *racial*, ou supremacista branco, cuja função, inter alia, é salvaguardar o regime político *como* um regime branco ou dominado por brancos, aplicando os termos do contrato racial pelos meios apropriados e, quando necessário, facilitando sua reescrita de uma forma para outra.

O Estado liberal-democrático do contratualismo clássico obedece aos termos do contrato social, usando a força apenas para proteger seus cidadãos, que lhe delegaram essa força moralizada para que pudesse garantir a segurança não encontrada no estado de natureza. (Isso foi, afinal, parte da razão de *deixar* o estado de natureza, para começo de conversa.) Em contrapartida, o Estado estabelecido pelo contrato racial é, por definição, *não* neutro, uma vez que seu objetivo é trazer conformidade com os termos do contrato racial entre a população de subpessoas, que obviamente não terá motivos para aceitar esses termos voluntariamente, uma vez que o contrato é um contrato de exploração. (Uma formulação alternativa, talvez até melhor, pode ser: ele é neutro para seus cidadãos plenos, que são brancos, mas, como corolário, é não neutro em relação aos não brancos, cuja selvageria intrínseca ameaça constantemente reverter ao estado de natureza, constituindo bolhas de selvageria dentro do regime, como sugeri.)

Por necessidade, então, esse Estado trata brancos e não brancos, pessoas e subpessoas, de forma diferente, embora, em variantes posteriores do contrato racial, seja necessário ocultar essa diferença. Ao buscar primeiro se estabelecer e depois se reproduzir, o Estado racial emprega as duas armas tradicionais de coerção: violência física e condicionamento ideológico.

Na fase inicial do estabelecimento da supremacia branca global, a violência física generalizada era, naturalmente, a face dominante desse projeto político: o genocídio dos nativos americanos na conquista dos dois continentes e dos aborígines na Austrália; as guerras coloniais punitivas na África, na Ásia e no

Pacífico; o número incrível de mortes das expedições escravistas, a Travessia Atlântica, a "adaptação" e a própria escravidão; a apreensão de terras apoiada pelo Estado e a imposição de regimes de trabalho forçado. No contrato de expropriação, as subpessoas são mortas ou colocadas em reservas, de modo que não é necessário ter com elas relações diárias extensas; elas não são propriamente parte do regime político branco. Nos contratos coloniais e de escravidão, por outro lado, pessoas e subpessoas necessariamente interagem regularmente, de modo que cumpre haver vigilância constante dos sinais de resistência das subpessoas aos termos do contrato racial. Se o contrato social é baseado no cumprimento voluntário, o contrato racial claramente exige compulsão para a reprodução do sistema político. No contrato de escravidão, em particular, os termos exigem do escravo uma autonegação *contínua* de sua pessoalidade, uma aceitação do status de bens móveis, psicologicamente mais difícil de alcançar e, portanto, potencialmente mais explosiva do que as variedades de subpessoalidade impostas pelo contrato de expropriação (em que alguém estará morto ou sequestrado em um espaço distante das pessoas brancas) ou pelo contrato colonial (em que o status de "menor" deixa alguma esperança de que se possa ter permissão para atingir a idade adulta algum dia). Assim, no Caribe e na parte continental das Américas, havia locais onde os africanos recém-chegados às vezes eram levados para se "adaptarem" antes de serem transportados para as plantations escravistas. E essa foi basicamente a operação metafísica, realizada através do físico, de *quebrá-los*, transformá-los de pessoas em subpessoas da variedade de bens móveis. Mas, como as pessoas sempre podiam fingir a aceitação da subpessoalidade, era necessário, claro, manter um olhar eternamente vigilante sobre elas para detectar possíveis sinais de dissimulação, em consonância com o sentimento de que a vigilância eterna é o preço da liberdade. Os braços coercitivos do Estado, então — a polícia, o sistema penal, o exército —, precisam ser vistos, em parte, como os executores do contrato racial, trabalhando tanto para manter a paz e prevenir o crime entre os cidadãos brancos quanto para manter a ordem racial e detectar e destruir desafios a ela, de modo que, em todos os Estados colonizadores brancos, os não brancos são encarcerados em proporções diferenciais e por períodos mais longos. Para entender a longa e sangrenta história da brutalidade policial contra os negros nos Estados Unidos, por exemplo, é preciso reconhecê-la não como excessos de racistas individuais, mas como uma parte orgânica desse empreendimento político. Há uma percepção bem conhecida na comunidade negra de que a polícia — particularmente na época da segregação do *jim crow* e das forças policiais em grande parte brancas — era basicamente um "exército de ocupação".

De modo correspondente, em todos esses regimes políticos brancos e governados por brancos, atacar ou matar brancos sempre foi moral e legalmente apontado como o crime dos crimes, uma ruptura terrível da ordem natural, não apenas por causa do maior valor da vida branca (ou seja, de uma pessoa), mas pelo seu maior significado simbólico como um desafio ao regime racial. A pena de morte é aplicada diferencialmente a não brancos, tanto no âmbito dos crimes cobertos (isto é, penas racialmente diferenciadas para os mesmos crimes)[89] quanto em sua execução efetiva. (Na história da pena capital dos Estados Unidos, por exemplo, mais de mil pessoas foram executadas, mas muito raramente um branco foi executado por matar um negro.)[90] Atos individuais de violência de subpessoas contra brancos e, ainda mais grave, rebeliões escravas e revoltas coloniais são padronizadamente punidos de forma exemplar, *pour encourager les autres*, com tortura e assassinatos retaliatórios em massa excedendo em muito o número de vítimas brancas.

Tais atos devem ser vistos não como arbitrários, não como o produto do sadismo individual (embora encorajem e forneçam um veículo para isso), mas como a resposta moral e política apropriada — prescrita pelo contrato racial — a uma ameaça feita a um sistema baseado na subpessoalidade não branca. Há um ultraje que é praticamente metafísico, porque sua autoconcepção, sua identidade branca como um ser superior com direito a governar, está sob ataque.

Assim, nas reações da América do Norte e do Sul à resistência dos nativos americanos e às revoltas de escravos, nas respostas europeias à revolução de São Domingos (haitiana), à Revolta dos Cipaios ("Revolta Indiana"), à insurreição jamaicana de Morant Bay, à Guerra dos Boxers na China, à Revolta dos Hereros na África germânica, nas guerras coloniais e neocoloniais do século xx (Etiópia, Madagascar, Vietnã, Argélia, Malásia, Quênia, Angola, Moçambique, Guiné-Bissau, Namíbia), nas batalhas dos colonos brancos para manter uma Rodésia branca e um apartheid na África do Sul, vê-se repetidamente o mesmo padrão de massacre sistemático. É um padrão que confirma que um *estremecimento ontológico* foi enviado através do sistema do regime político branco, invocando o que poderia se chamar de *terror branco* para garantir que os fundamentos do universo moral e político permaneçam no lugar. Descrevendo o "choque para a América branca" da derrota da Sétima Cavalaria de Custer para os Sioux, um autor escreve: "Foi o tipo de derrota humilhante, que simplesmente não poderia acontecer a uma nação moderna de 40 milhões de pessoas, imposta por alguns espantalhos selvagens".[91] Victor G. Kiernan comenta sobre o Haiti: "Nenhuma selvageria registrada de africanos em qualquer lugar poderia superar alguns dos atos dos franceses em seus esforços para recuperar o controle da ilha". Sobre a Revolta Indiana, ele escreve:

> Após a vitória, houve represálias selvagens. Pela primeira vez em tal escala, mas não a última, o Ocidente estava tentando sufocar o Oriente com medo. [...] Alguns dos fatos que chegaram até nós quase nos fazem descrer, mesmo depois dos horrores da própria história europeia do século XX.[92]

Em geral, então, a vigilância para a resistência não branca e uma disposição correspondente para empregar violência retaliatória massivamente desproporcional são intrínsecas ao tecido do regime racial de uma forma diferente da resposta aos crimes típicos de cidadãos brancos.

Mas a violência oficial do Estado não é a única sanção do contrato racial. No estado lockeano de natureza, na ausência de uma autoridade jurídica e penal constituída, a lei natural permite que os próprios indivíduos punam os transgressores. Aqueles que mostram por suas ações que lhes falta a — ou que "renunciaram" à — razão da lei natural e são como "Bestas Selvagens brutas, com as quais os Homens não podem ter Sociedade nem Segurança", podem ser destruídos licitamente.[93]

Mas se, no regime racial, os não brancos podem ser considerados *inerentemente* bestiais e selvagens (independentemente do que estão fazendo em um determinado momento), então, por extensão, eles podem ser conceituados em parte como *carregando consigo o estado de natureza,* encarnando a selvageria e a natureza selvagem em sua pessoa. Com efeito, eles podem ser considerados, até mesmo na sociedade civil, potencialmente no centro de uma zona móvel de fogo livre na qual as restrições morais e jurídicas de cidadão para cidadão, de branco sobre branco, não se aplicam. Particularmente em situações de fronteira, onde a autoridade Branca oficial é distante ou não confiável, podem-se considerar os brancos individuais dotados da autoridade para fazer cumprir eles mesmos o contrato racial. Assim, nos Estados Unidos, de forma paradigmática (mas também no assentamento europeu na Austrália, no posto colonial no "mato" ou na "selva" da Ásia e da África), há uma longa história de vigilantismo e linchamento em que o oficialismo branco é basicamente conivente, na medida em que quase ninguém jamais foi punido, embora os autores fossem bem conhecidos e, vez por outra, houvesse fotografias disponíveis. (Alguns linchamentos eram anunciados com dias de antecedência, e centenas ou milhares de pessoas se reuniam vindas de distritos vizinhos.)[94] No território do norte da Austrália, um oficial médico do governo escreveu em 1901: "Era notório que os negros haviam sido abatidos como corvos e que ninguém dava atenção".[95]

A outra dimensão dessa coerção é ideológica. Se o contrato racial cria seus signatários — aqueles que são partes do contrato — construindo-os como "pessoas brancas", ele também tenta transformar suas vítimas, os objetos do contrato, *nas* "subpessoas não brancas" que especifica. Esse projeto requer trabalho em *ambas* as extremidades, significando o desenvolvimento de um aparato conceitual despersonizador através do qual os brancos devem aprender a ver os não brancos e também, crucialmente, através do qual os não brancos devem aprender a se ver. Para os não brancos, então, isso é algo como o equivalente intelectual do processo físico da "adaptação", do "amansamento dos escravos", com o objetivo de produzir uma entidade que aceite a subpessoalidade. Frederick Douglass, em sua famosa primeira autobiografia, descreve a necessidade de "escurecer [a] visão moral e mental e, na medida do possível, aniquilar o poder da razão" do escravo: "Ele deve ser capaz de não detectar inconsistências na escravidão; ele deve ser levado a sentir que a escravidão é certa; e ele só pode ser levado a isso quando deixar de ser homem".[96] Tendo a educação originalmente negada, os negros receberam, mais tarde, no período do *postbellum*, uma educação apropriada ao status pós-bens móveis — a negação de um passado, da história, da realização —, para que, na medida do possível, eles aceitassem seus papéis prescritos de servo e trabalhador braçal, *coons* cômicos e sambos, gratos tios Tom e tias Jemima. Assim, em um dos livros mais famosos sobre a experiência negra americana, Carter Woodson condena "a des-educação do negro".[97] E, já na década de 1950, James Baldwin podia declarar que o sistema de segregação "separado, mas igual", "funcionou brilhantemente", pois "permitiu que os brancos, com quase nenhuma dor de consciência, *criassem*, em cada geração, apenas o negro que eles desejavam ver".[98]

No caso dos nativos americanos, cuja resistência, em larga medida, findou na década de 1870, uma política de assimilação cultural foi introduzida sob o lema "Mate o índio, mas salve o homem", visando a supressão e erradicação de crenças e cerimônias religiosas nativas, como a Dança do Sol Sioux.[99] Da mesma forma, cem anos depois, Daniel Cabixi, um indígena pareci brasileiro, reclama que "as missões nos matam por dentro [...] Elas nos impõem outra religião, menosprezando os valores que possuímos. Isso nos descaracteriza até o ponto em que temos vergonha de ser indígenas".[100] O estudioso moicano Jerry Gambill lista "Vinte e uma maneiras de 'escalpelar' um índio", sendo a primeira delas: "Faça dele uma não pessoa. Os direitos humanos são para as pessoas. Convença os índios de que seus ancestrais eram selvagens, de que eram pagãos".[101] Da mesma forma, no empreendimento colonial, as crianças do Caribe, da África e da Ásia eram ensinadas a partir de livros escolares britânicos, franceses ou holandeses a se verem como aspirantes a (mas, claro, nunca completamente) europeus de cor, salvos das barbaridades de suas próprias culturas por intervenção colonial, recitando devidamente "nossos ancestrais, os gauleses" e se transformando em adultos com "pele negra, máscaras brancas".[102] Estudantes aborígines australianos escrevem: "*Ser preto* é ser injustiçado nas escolas brancas, mas justiçado pela experiência. *Ser preto* é ir para a escola branca e voltar para casa novamente menos sábio".[103] Ngũgĩ wa Thiong'o descreve, a partir de experiência em seu Quênia natal, a "bomba cultural" do imperialismo britânico, que proibia o aprendizado na tradição oral de quicuio e que os treinou, ele e seus colegas de escola, a verem a si mesmos e seu país através dos olhos alienígenas de H. Rider Haggard e John Buchan:

> O efeito de uma bomba cultural é aniquilar a crença de um povo em seus nomes, em suas línguas, em seu ambiente, em sua he-

rança de luta, em sua unidade, em suas capacidades e, finalmente, em si mesmos. Isso faz com que eles vejam seu passado como um deserto de não realização e os faz querer se distanciar desse deserto.[104]

Cabe entender o racismo como ideologia como algo que mira tanto a mente dos não brancos quanto a dos brancos, inculcando a subjugação. Se o contrato social exige que todos os cidadãos e pessoas aprendam a respeitar a si mesmos e uns aos outros, o contrato racial prescreve autoaversão e deferência racial não brancas aos cidadãos brancos. O triunfo final dessa educação é que eventualmente se torna possível caracterizar o contrato racial como "consensual" e "voluntarista", mesmo para os não brancos.

3. Méritos "naturalizados"

FINALMENTE, quero apontar os méritos desse modelo como uma explicação "naturalizada" do registro histórico real, registro que tem aspirações tanto explicativas quanto normativas. Provavelmente, estaremos mais bem posicionados para *realizar* os ideais políticos (supostamente) desejados se pudermos identificar e explicar os obstáculos à sua realização. Ao rastrear a consciência moral real da maioria dos agentes brancos, ao descrever as realidades políticas reais que os não brancos sempre reconheceram, a teoria do "contrato racial" mostra sua superioridade em relação ao contrato social ostensivamente abstrato e geral, mas na verdade "branco".

O contrato racial rastreia historicamente a verdadeira consciência moral/política (da maioria) dos agentes morais brancos

A teoria moral, sendo um ramo da teoria do valor, tradicionalmente lida com o reino do ideal, as normas pelas quais devemos tentar viver como agentes morais. E a filosofia política é hoje concebida basicamente como uma aplicação da ética ao domínio social e político. Então, supõe-se estar lidando com ideais também. Mas nos dois primeiros capítulos deste livro passei muito tempo falando sobre o registro histórico *real* e as normas e ideais *reais* que prevaleceram na história global recente. Tenho oferecido o que, no jargão atual dos filósofos, seria chamado de explicação "naturalizada", em vez de uma explicação idealizada. E foi por isso que eu disse desde o início que preferia o uso clássico do contrato, que busca descrever e explicar, bem como prescrever. Mas se a ética e a filosofia política estão focadas em normas que queremos endossar (ideais que são ideais, por assim dizer), qual foi realmente o objetivo desse exercício? Qual seria o sentido de "naturalizar" a ética, que é explicitamente o reino do ideal?

Minha sugestão é que, mirando a consciência moral/política historicamente dominante *real* e os ideais morais/políticos historicamente dominantes *reais*, estamos mais aptos a fazer prescrições para a sociedade do que partindo de abstrações a-históricas. Em outras palavras, o objetivo não é endossar essa consciência deficiente e esses ideais repugnantes, mas, reconhecendo sua influência e seu poder passados e atuais, e identificando suas fontes, corrigi-los. Perceber um futuro melhor requer não apenas admitir a feia verdade do passado — e do presente —, mas compreender as maneiras pelas quais essas realidades se tornaram invisíveis, aceitáveis para a população branca. Queremos saber — tanto para descrever quanto para explicar — as circunstâncias que realmente bloquearam a realização ideal dos ideais sem raça e promoveram, em vez disso, os ideais raciais não ideais naturalizados. Queremos saber o que deu errado no passado, o que está dando errado agora, e provavelmente *continuará* a dar errado no futuro se não nos protegermos contra isso.

Agora, por seu relativo silêncio sobre a questão da raça, a teoria moral convencional levaria o estudante incauto sem nenhuma experiência do mundo — o antropólogo visitante da Galáxia Central, digamos — a pensar que os desvios do ideal foram contingentes, aleatórios, teoricamente opacos, ou algo sobre o que não vale a pena teorizar. Esse visitante pode concluir que todas as pessoas, em geral, tentaram viver de acordo com a norma, mas, dada a inevitável fragilidade humana, às vezes ficaram aquém. Mas essa conclusão é, na verdade, nada mais do que falsa. O racismo e a discriminação racialmente estruturada não foram *desvios* da norma; eles têm *sido* a norma, não apenas no sentido de padrões de distribuição estatística *de facto*, mas, como enfatizei no início, no sentido de serem formalmente codificados, escritos e proclamados *como tal*. Nessa perspectiva, o contrato racial subjazeu ao contrato social, de modo que deveres, direitos e liberdades têm sido rotineiramente atribuídos a partir de uma base racialmente diferenciada. Para entender a prática moral real do passado e do presente, cumpre haver não apenas as discussões abstratas padrão sobre, digamos, conflitos de consciência das pessoas entre autointeresse e empatia com os outros, mas uma apreciação franca de como o contrato racial cria uma psicologia moral *racializada*. Os brancos, assim, agirão de maneira racista *enquanto* pensam estar agindo moralmente. Em outras palavras, eles experimentarão dificuldades cognitivas genuínas em reconhecer certos padrões de comportamento *como* racistas, de modo que, além de questões de motivação e má-fé, eles serão moralmente prejudicados simplesmente do ponto de vista conceitual quando precisarem ver e fazer a coisa certa. Como enfatizei no início, o contrato racial prescreve, como condição para a adesão ao regime, uma epistemologia da ignorância.

Filósofas políticas feministas documentaram a impressionante uniformidade de opinião entre os teóricos clássicos homens sobre a subordinação das mulheres, de modo que, por mais distantes que suas posições possam ser em outras questões políticas ou teóricas, há um entendimento comum sobre isso. Platão, o idealista, e Aristóteles, o materialista, concordam que as mulheres devem ser subordinadas, assim como Hobbes, o absolutista, e Rousseau, o democrata radical.[1] Com o contrato racial, como vimos, há um padrão semelhante, entre os contratualistas Hobbes, Locke, Rousseau, Kant e seus adversários teóricos — o anticontratualista Hume, que nega que qualquer raça que não seja a branca tenha produzido uma civilização; o utilitarista Mill, que nega a aplicabilidade de seu "princípio de dano" antipaternalista aos "bárbaros" e sustenta que eles precisam do despotismo colonial europeu; o historicista G. W. F. Hegel, que nega que a África tenha qualquer história e sugere que os negros foram moralmente melhorados ao serem escravizados.[2] Assim, o contrato racial é "ortogonal" em relação às diferentes direções de seus pensamentos, a suposição comum que todos eles podem tomar como certa, não importa quais sejam suas divergências teóricas sobre outras questões. Há também a evidência do silêncio. Onde estão o magistral *Sobre o direito natural e a injustiça da conquista das Índias* de Grotius, a emocionante *Carta sobre o tratamento dos índios* de Locke, o comovente *Sobre a personalidade dos negros* de Kant, as notoriamente condenatórias *Implicações do utilitarismo para o colonialismo inglês* de Mill, a indignada *Economia política da escravidão* de Karl Marx e Friedrich Engels?[3] Os intelectuais escrevem sobre o que lhes interessa, o que consideram importante, e — especialmente se o escritor é prolífico — o silêncio constitui uma boa evidência *prima facie* de que o assunto não era de particular interesse. Por sua incapacidade de denunciar os grandes crimes inseparáveis da conquista europeia, ou pela indiferença de sua condenação, ou por seu efetivo endosso em alguns casos, a maioria dos principais teóricos éticos europeus revela sua cumplicidade com o contrato racial.

O que precisamos fazer, então, é identificar e aprender a entender o funcionamento de uma ética racializada. Como as pessoas foram capazes, de modo consistente, de fazer a coisa errada enquanto pensavam que estavam fazendo a coisa certa? Em parte, trata-se de um problema de cognição e da disfunção cognitiva moral branca. Como tal, pode ser potencialmente estudado pelo novo programa de pesquisa da ciência cognitiva. Por exemplo, um útil artigo de pesquisa recente sobre "naturalização" da ética de Alvin Goldman sugere três áreas nas quais a ciência cognitiva pode ter implicações para a teoria moral: a) os "materiais cognitivos" usados no pensamento moral, como a lógica da aplicação de conceitos, e sua possível determinação pelo ambiente cultural do agente; b) julgamentos sobre o bem-estar subjetivo e como eles podem ser afetados quando uma pessoa se compara com outras; c) o papel da empatia em influenciar sentimentos morais.[4]

Agora, deve ser óbvio que, se o racismo é tão central para o regime quanto eu argumentei, então ele terá um grande efeito modelador sobre os conhecedores brancos em todas essas áreas: a) por causa da atmosfera intelectual produzida pelo contrato racial, os brancos (na fase 1) tomarão como certa a adequação de conceitos que *legitimam* a ordem racial, privilegiando-os como raça mestra e relegando os não brancos à condição de subpessoas, e mais tarde (na fase 2) a adequação de conceitos que *desracializam* o regime, negando sua real estrutura racial;[5] b) por causa das definições reciprocamente dependentes de branquitude superior e não branquitude inferior, os brancos podem avaliar consciente ou inconscientemente como estão se saindo usando uma escala que depende em parte de como os não brancos estão se saindo, uma vez que a essência da branquitude é o direito ao privilégio diferencial em relação aos não brancos como um todo;[6] c) porque o contrato racial exige a exploração de não brancos, ele exige nos brancos o cultivo de padrões de afeto e empatia que são apenas fracamente, se é que chegam a existir, influenciados pelo sofrimento não branco. Em todos os três casos, então, existem estruturas interessantes de distorção cognitiva moral que podem estar ligadas à raça, e espera-se que esse novo programa de pesquisa esteja explorando algumas delas (embora o histórico de negligência não dê nenhum grande motivo para otimismo).

Essa preocupação moral particionada pode ser pensada, de forma útil, como uma espécie de "ética *Herrenvolk*", com os princípios aplicáveis ao subconjunto branco (os humanos) mudando adequadamente à medida que se cruza a linha da cor para o subconjunto não branco (os "menos que humanos"). (Susan Opotow fez um estudo detalhado das moralidades da exclusão, em que certos "indivíduos ou grupos são percebidos como fora da região em que valores morais, regras e considerações de justiça são aplicáveis"; então, essa seria uma versão racial de tal moralidade.)[7] Poderíamos então gerar, de várias maneiras, um lockeanismo *Herrenvolk*, em que a própria branquitude se torna propriedade, com os não brancos não possuindo, totalmente ou de forma alguma, posse sobre si mesmos e o trabalho não branco não se apropriando da natureza;⁸ um kantianismo *Herrenvolk*, em que os não brancos contam como subpessoas de valor consideravelmente menor que infinito, necessário para prestar deferência racial, em vez de igual respeito, às pessoas brancas, e com o autorrespeito branco correspondente e conceitualmente ligado a essa deferência não branca;⁹ e um utilitarismo *Herrenvolk*, em que os não brancos contam distributivamente como menos um e considera-se que eles sofrem menos intensamente do que os brancos.¹⁰ Os detalhes reais dos valores básicos de teorias normativas particulares (direitos de propriedade, personalidade e respeito, bem-estar) não são importantes, uma vez que *todas* as teorias podem ser apropriadamente ajustadas internamente para produzir o resultado desejado: o que é crucial é a adesão do teórico ao contrato racial.

Sendo suas principais vítimas, os não brancos, claro, sempre estiveram cientes dessa cisão peculiar que atravessa a psique branca. Muitos anos atrás, em seu romance clássico *Homem invisível*, Ralph Ellison fez seu narrador negro sem nome apontar que os brancos devem ter uma peculiar "construção de [seus] olhos *internos*", que é recíproca e que torna os negros americanos invisíveis, já que eles "se recusam a me ver". O contrato racial inclui um contrato epistemológico, uma epistemologia da ignorância. "Reconhecimento é uma forma de acordo", e, pelos termos do contrato racial, os brancos concordaram em não reconhecer os negros como pessoas iguais. Assim, o pedestre branco que esbarra no narrador negro no início é uma figura representativa, alguém "perdido em um mundo de sonho". "Mas *ele* não controlava aquele mundo dos sonhos — que, infelizmente, é muito real! — e *ele* não me descartou desse mundo? E se ele tivesse gritado por um policial, não teria *eu* sido tomado por ofensor? Sim, sim, sim!"[11] De forma semelhante, James Baldwin argumenta que a supremacia branca "forçou os americanos [brancos] a racionalizações tão fantásticas que se aproximaram do patológico", gerando uma ignorância atormentada tão estruturada que não se podem levantar certas questões com os brancos "porque, mesmo que eu falasse, ninguém acreditaria em mim", e, paradoxalmente, "eles não acreditariam em mim exatamente porque saberiam que o que eu disse era verdade".[12] A evasão e o autoengano tornam-se, assim, a norma epistêmica. Descrevendo a "teia nacional de autoenganos" da América a respeito da raça, Richard Drinnon cita como justificativa a observação irônica de Montesquieu sobre a escravidão africana: "É impossível supor que essas criaturas sejam homens, porque, permitindo que sejam homens, seguir-se-ia a suspeita de que nós mesmos não somos cristãos". A ideologia fundadora do Estado colonizador branco exigia o apagamento conceitual das sociedades que existiam antes:

Pois se [um escritor da época] tivesse, de maneira consistente, considerado os índios como pessoas com uma psicologia própria, isso teria derrubado seu mundo. Teria significado reconhecer que "o estado de natureza" realmente abrigava pessoas de pleno direito e que tanto ele quanto a querida "sociedade civil" haviam começado como invenções letais da imaginação europeia.[13]

Um historiador australiano comenta da mesma forma a existência de "algo como um culto ao esquecimento praticado em escala nacional" em relação aos aborígines.[14] Lewis Gordon, trabalhando na tradição fenomenológica existencial, baseia-se em noções sartreanas para argumentar que, em um mundo estruturado em torno da raça, a má-fé necessariamente se torna difundida:

De má-fé, eu fujo de uma verdade desagradável para uma falsidade agradável. Devo me convencer de que uma falsidade é de fato verdadeira [...]. Sob o modelo de má-fé, o racista teimoso fez uma escolha de não admitir certas verdades desconfortáveis sobre seu grupo e opta por não desafiar certas falsidades confortáveis sobre outras pessoas [...]. Já que fez essa escolha, ele enfrentará o que quer que a ameace [...]. Quanto mais o racista joga o jogo de evasão, mais afastado ele se tornará de seus "inferiores" e mais afundará no mundo necessário para manter essa evasão.[15]

No regime ideal, procura-se conhecer a si mesmo e conhecer o mundo; aqui, esse conhecimento pode ser perigoso.

De forma correlata, o contrato racial também explica o surpreendente registro histórico real da atrocidade europeia contra os não brancos, que quantitativa e qualitativamente, em números e detalhes tenebrosos, cumulativamente, torna menores todos os outros tipos de massacre etnicamente/racialmente motivados tomados em conjunto: la leyenda negra — a lenda negra — do colonialismo espanhol, difamatória apenas em sua invejosa separação dos espanhóis, uma vez que mais tarde seria imitada pelos invejosos concorrentes da Espanha, os holandeses, franceses e ingleses, buscando criar suas próprias lendas; a matança por assassinato em massa e doença de 95% da população indígena das Américas, com estudos revisionistas recentes, como já mencionado, acrescendo drasticamente as estimativas da população pré-conquista, de modo que — com cerca de 100 milhões de vítimas — isso seria facilmente classificado como o maior ato de genocídio na história da humanidade;[16] os infames slogans, agora um tanto embaraçosos para uma geração que vive em uma fase diferente do contrato — "Mate as lêndeas e você não terá piolhos!", como o cavaleiro americano John House aconselhou quando atirou em uma criança sauk no massacre de Bad Axe no Wisconsin,[17] e "O único injun bom é um injun morto"; o Holocausto em câmera lenta da escravidão africana, que agora alguns estimam que tenha ceifado entre 30 e 60 milhões de vidas na África, na Travessia Atlântica e no processo de "adaptação", mesmo antes da degradação e da destruição da vida escrava nas Américas;[18] a aceitação casual, como se não fosse um crime, mas apenas uma necessária limpeza do território de "vermes" e "bichos" pestilentos, o assassinato aleatório de "índios vadios" na América ou de aborígines na Austrália ou de bosquímanos na África do Sul; as retaliações coloniais europeias massivamente punitivas após revoltas nativas; o número de mortos por consequência direta e indireta do trabalho forçado nas economias coloniais, como os milhões (estimativas originais de até 10 milhões) que morreram no Congo belga como resultado da busca por borracha por Leopoldo II, embora, estranhamente, um "coração das trevas" seja atribuído à selvageria congolesa e não à europeia;[19] a apropriação do corpo não branco, não só metaforicamente (como se pode dizer que o corpo negro foi consumido nas plantations escravistas para produzir capital europeu), mas *literalmente*, seja como ferramenta utilitarista ou como troféu de guerra. Como ferramentas utilitaristas, os nativos americanos eram ocasionalmente esfolados e transformados em rédeas (por exemplo, pelo presidente americano Andrew Jackson),[20] tasmanianos eram mortos e usados como carne de cachorro,[21] e, na Segunda Guerra Mundial, cabelos de judeus eram transformados em almofadas, e (não tão conhecido) ossos de japoneses foram transformados por alguns americanos em abridores de cartas. Como troféus de guerra, escalpos de indígenas, orelhas vietnamitas e orelhas, dentes de ouro e crânios japoneses eram todos colecionados (a revista *Life* exibiu a fotografia de um crânio japonês sendo usado como enfeite de capô em um veículo militar dos Estados Unidos, e alguns soldados enviavam crânios como presentes para suas namoradas).[22] A estes podemos acrescentar o fato de que, por causa das reformas penais defendidas por Cesare Beccaria e outros, a tortura foi mais ou menos eliminada na Europa até o final do século XVIII, enquanto continuava a ser praticada rotineiramente nas colônias e nas plantations escravas — ser chicoteado, ser castrado, ser desmembrado, ser assado em fogo lento, ser besuntado de açúcar, enterrado até o pescoço e deixado para os insetos devorarem, ser enchido com pólvora e depois explodido e assim por diante;[23] o fato de que, na América, a tradição medieval do auto de fé, a queima pública, sobreviveu até o século XX, com milhares de espectadores às vezes se reunindo para a ocasião festiva do churrasco sulista, trazendo crianças, cestas de piquenique etc., e posteriormente lutando pelos restos mortais para ver quem poderia pegar os dedos dos pés ou os ossos dos dedos antes de ir para um baile comemorativo à noite;[24] o fato de que as regras de guerra, pelo menos teoricamente regulando o combate intraeuropeu, foram abandonadas ou suspensas para não europeus, de modo que, por decreto papal, o uso da balestra foi inicialmente proibido contra os cristãos, mas permitido contra o Islã, a bala dum-dum (ponta oca) foi originalmente proibida na Europa, mas usada nas guerras coloniais,[25] a metralhadora foi aperfeiçoada no final do século XIX para subjugar africanos geralmente armados apenas com lanças ou algumas armas de fogo obsoletas, de modo que, na gloriosa vitória britânica de 1898 sobre os sudaneses em Ondurman, por exemplo, 11 mil guerreiros negros foram mortos contra 48 soldados britânicos, um massacre de longa distância em que nenhum sudanês "chegou a menos de 300 metros das posições britânicas";[26] a bomba atômica foi usada não uma, mas duas vezes contra a população civil de um povo amarelo em um momento em que a necessidade militar só poderia ser questionavelmente citada (levando o juiz Radhabinod Pal, em sua opinião discordante no Julgamento de Crimes de Guerra em Tóquio, a argumentar que os líderes Aliados deveriam ter sido julgados com os japoneses).[27] Podemos mencionar os 6 milhões de judeus mortos em campos e guetos da Europa e os milhões de membros de outras raças "inferiores" (romanis, eslavos) lá mortos e pelos *Einsatzgruppen* na Frente Oriental pela reescrita nazista do contrato racial para torná-los também não brancos;[28] o padrão de estupro, tortura e massacre impunes nas guerras coloniais/neocoloniais e em parte raciais no século XX na Argélia (durante as quais cerca de um milhão de argelinos, ou um décimo da população do país, pereceram) e no Vietnã, ilustrado pelo fato de que o tenente William Calley foi o único americano condenado por crimes de guerra no Vietnã e, por seu papel na condução do assassinato em massa de quinhentas mulheres, crianças e idosos (ou, mais cautelosa e qualificadamente, "seres humanos orientais", como se disse no depoimento), foi condenado à prisão perpétua com trabalhos forçados, mas teve sua sentença rapidamente comutada por intervenção presidencial para "prisão domiciliar" em seu apartamento-estúdio em Fort Benning, onde permaneceu por três anos antes de ser posto em liberdade condicional, vez ou outra, sem dúvida, um pouco intrigado com o alarido, já que, como ele disse aos psiquiatras militares que o examinavam, "não se sentia como se estivesse matando seres humanos, mas sim animais com quem não se podia falar ou arrazoar".[29]

Assim, para esses e muitos outros horrores numerosos demais para listar, a norma kantiana ideal (contrato social) do valor infinito de toda vida humana deve ser reescrita para refletir a norma real (contrato racial) do valor muito maior da vida *branca* e a cristalização correspondente de sentimentos de indignação vastamente diferencial com a morte de brancos e não brancos e o sofrimento de brancos e não brancos. Se, ao olhar para trás (ou às vezes simplesmente olhando através), alguém quiser perguntar: "Mas como eles foram capazes?", a resposta é que é fácil, uma vez criada certa ontologia social. Espanto e perplexidade mostram que se está tomando como certa a moralidade do contrato social literal como norma; uma vez que se começa a partir do contrato racial, o mistério evapora. O contrato racial, portanto, torna a psicologia moral branca transparente; não se fica continuamente "surpreso" quando se examina o registro histórico, porque essa é a psicologia que o contrato prescreve. (A teoria do contrato racial não é *cínica*, porque o cinismo realmente implica um colapso teórico, um desesperado erguer de mãos e uma renúncia ao projeto de compreensão do mundo e do mal humano em favor de um anseio mistificado por um homem pré-lapsariano. O "contrato racial" é simplesmente *realista* — disposto a olhar para os fatos sem vacilar, para explicar que, se você começar com *isso*, então você terminará com *aquilo*.) Da mesma forma, o "contrato racial" torna o Holocausto judeu — enganosamente designado *o* Holocausto — compreensível, distanciando-se teoricamente tanto de posições que o tornariam cognitivamente opaco, inexplicavelmente *sui generis*, quanto de posições que minimizariam a dimensão racial e o absorveriam no terrorismo indiferenciado do fascismo alemão. Da perspectiva nublada do Terceiro Mundo, a pergunta no título de Arno Mayer, *Why did the Heavens not Darken?* [Por que os céus não escureceram?], revela um eurocentrismo climático, que não reconhece que o céu azul estava sorrindo apenas na *Europa*. A visão influente que ele cita (não a dele) é típica:

> *Prima facie*, a catástrofe que se abateu sobre os judeus durante a Segunda Guerra Mundial foi única em seu próprio tempo e sem precedentes na história. Há fortes razões para acreditar que a perseguição dos judeus foi tão enorme e atroz a ponto de estar completamente fora dos limites de todas as outras experiências humanas. Se for esse o caso, aquilo a que os judeus foram submetidos desafiará para sempre a reconstrução e a interpretação histórica, e ainda mais a compreensão.[30]

Mas isso representa uma amnésia branca surpreendente sobre o registro histórico real. Da mesma forma, a questão desesperadora de como pode haver poesia depois de Auschwitz evoca a confusa resposta não branca de como poderia ter havido poesia *antes* de Auschwitz, e *depois* dos campos de extermínio na América, na África, na Ásia. O ponto de vista da América nativa, da África negra, da Ásia colonial sempre foi consciente de que a civilização europeia repousa sobre a barbárie extraeuropeia, de modo que o Holocausto judeu, o "judeocídio" (Mayer), não é de forma alguma um raio em céu azul, uma anomalia insondável no desenvolvimento do Ocidente, mas único apenas na medida em que representa o uso do contrato racial contra os *europeus*. De forma alguma digo isso para diminuir o seu horror, claro, mas para negar sua *singularidade*, para estabelecer sua identidade conceitual com outras políticas levadas a cabo pela Europa fora da Europa durante centenas de anos, mas usando métodos menos eficientes do que aqueles possibilitados pela sociedade industrial avançada de meados do século xx.

No mundo crepuscular da Guerra Fria, o termo *blowback* foi usado no jargão de espionagem americano para se referir a "efeitos inesperados — e negativos — em casa que resultam de operações secretas no exterior", particularmente de (o que foi chamado) operações "negras" de assassinato e derrubada de governo.[31] Pode-se argumentar que devemos ver o *blowback* das operações ultramarinas ("brancas") de conquista, assentamento, escravização e colonialismo europeus consolidando na mente europeia moderna uma ética racializada que, em combinação com o antissemitismo tradicional, acabou se comportando como um bumerangue, retornando à própria Europa para facilitar o Holocausto judeu. Há quarenta anos, em clássico e polêmico *Discurso sobre o colonialismo*, Aimé Césaire apontou o duplo padrão implícito na "indignação" europeia com o nazismo:

É nazismo, sim, mas [...] antes de [os europeus] serem vítimas, eles foram cúmplices; que eles toleraram esse nazismo antes de ser infligido a eles, que o absolveram, fecharam os olhos para ele, legitimaram, porque, até então, ele tinha sido aplicado apenas a povos não europeus [...]. [O crime de Hitler é] o fato de que ele aplicou à Europa procedimentos colonialistas que até então tinham sido reservados exclusivamente para os árabes da Argélia, os coolies da Índia e os negros da África.[32]

O contrato racial continua, com uma ironia verdadeiramente terrível, a manifestar-se mesmo na *condenação* das consequências do contrato racial, uma vez que o assassinato racial em massa de europeus é colocado em um plano moral diferente do assassinato racial em massa de não europeus. Da mesma forma, Kiernan argumenta que o Congo do rei Leopoldo "lançou a sombra que se transformaria no império de Hitler dentro da Europa. [...] Atitudes adquiridas durante a subjugação dos outros continentes agora se reproduziam em casa".[33] Portanto, nesse quadro explicativo, ao contrário da subsunção dos campos de extermínio sob um fascismo desracializado, a dimensão racial e o estabelecimento da subpessoalidade não branca dos judeus *são* explicativamente cruciais. Se, como se argumentou antes, os judeus eram a essa altura basicamente "esbranquiçados", em vez de "não brancos", assimilados na população de pessoas, pode-se dizer que os nazistas cometeram uma violação local do contrato racial global, excluindo do clube da Branquitude grupos já admitidos de má vontade, ao fazer a Europeus (mesmo limítrofes) o que (até então) só deveria ser feito aos não europeus.

Escritos europeus do pós-guerra sobre esse assunto, tanto na Europa quanto nos Estados Unidos, têm geralmente procurado bloquear essas conexões conceituais, representando o regime nazista como mais desviante do que realmente era, por exemplo, no *Historikerstreit*, o debate alemão sobre a singularidade do Holocausto judeu. O registro histórico sombrio do imperialismo europeu foi esquecido. O arrepiante romance *Pátria amada*, de 1992, de Robert Harris, um clássico do gênero de ficção científica de mundos alternativos, retrata um futuro em que os nazistas venceram a Segunda Guerra Mundial e erradicaram dos registros sua execução dos judeus, de modo que apenas evidências dispersas sobreviveram.[34] Mas, em certos aspectos, vivemos em um mundo real, e não no alternativo, em que os vencedores da matança racial *realmente* venceram e reconstruíram e falsificaram os registros. A negação do Holocausto e a apologia do Holocausto, portanto, precedem de muito tempo o período pós-1945, remontando à resposta original às revelações de *O paraíso destruído*, de Las Casas, em 1542.[35] No entanto, com poucas exceções, só recentemente a historiografia branca revisionista começou tardiamente a alcançar essa conceituação não branca — daí o título do livro de David Stannard sobre a conquista de Colombo, *American Holocaust* [Holocausto americano]; o título correlato de uma antologia (citado por Noam Chomsky em *Ano 501*) lançada na Alemanha em antecipação ao quincentenário, *Das Fünfhundert-Jährige Reich* (O Reich de quinhentos anos); e o livro recentemente traduzido do escritor sueco Sven Lindqvist, *Exterminem todas as bestas*, que explicitamente liga a famosa injunção de Kurtz de Conrad à prática nazista:

Auschwitz foi a aplicação industrial moderna de uma política de extermínio sobre a qual a dominação mundial europeia se apoiava havia muito tempo [...]. E quando o que havia sido feito no coração das trevas foi repetido no coração da Europa, ninguém reconheceu o que se passava. Ninguém queria admitir o que todos sabiam [...]. Não é conhecimento que nos falta. O que falta é a coragem de entender o que sabemos e tirar conclusões.[36]

O debate sem dúvida continuará por muitas décadas. Mas, em uma nota final, não parece inapropriado obter a opinião daquele conhecido teórico moral e político Adolf Hitler (certamente um homem com algo de valor a dizer sobre o assunto), que, olhando para o futuro em um discurso de 1932, "explicitamente localizou seu projeto *Lebensraum* na longa trajetória de conquista racial europeia".[37] Como ele explicou ao seu público presumivelmente atento, você não pode entender "a supremacia economicamente privilegiada da raça branca sobre o resto do mundo", exceto relacionando-a a "um conceito político de supremacia que tem sido peculiar à raça branca como um fenômeno natural de muitos séculos e que ela tem defendido como tal para o mundo exterior":

> Veja, por exemplo, a Índia: a Inglaterra adquiriu a Índia não de maneira lícita e legítima, mas sem levar em conta os desejos, pontos de vista ou declarações de direitos dos nativos [...]. Assim como Cortés ou Pizarro reivindicaram para si a América Central e os estados do norte da América do Sul não com base em qualquer reivindicação legal, mas no sentimento absoluto e inato de superioridade da raça branca. A ocupação do continente norte-americano foi, de modo similar, consequência não de uma reivindicação superior em um sentido democrático ou interna-

cional, mas sim de uma consciência do que é certo, que tinha suas únicas raízes na convicção da superioridade e, portanto, do direito da raça branca.

Então, seu plano era apenas defender essa inspiradora tradição ocidental, esse "direito de dominar (*Herrenrecht*)" racial, esse "estado mental [...] que conquistou o mundo" para a raça branca, uma vez que "desta visão política evoluiu a base para a tomada econômica do resto do mundo".[38] Em outras palavras, ele se via simplesmente fazendo em casa o que seus companheiros europeus vinham fazendo havia muito tempo no exterior.

Finalmente, a teoria do contrato racial, ao separar a brancura como fenótipo/classificação racial da Branquitude como sistema político-econômico comprometido com a supremacia branca, abre um espaço teórico para o *repúdio* branco ao contrato. (Pode-se então distinguir "ser branco" de "ser Branco".)

Há aqui um interessante ponto de contraste com o contrato social. Uma objeção inicial óbvia à noção de que a sociedade está baseada em um "contrato" era que, mesmo que um contrato fundante tivesse existido, ele não vincularia as gerações posteriores, que não o tinham assinado. Houve várias tentativas de contratualistas de contornar esse problema, sendo a mais conhecida a noção de Locke de "consentimento tácito".[39] A ideia é que, se você escolher como adulto permanecer em seu país de nascimento e lançar mão de seus benefícios, então você consentiu "tacitamente" em obedecer ao governo e, portanto, ser sujeito ao contrato. Mas David Hume é reconhecidamente mordaz sobre essa afirmação, dizendo que a noção de consentimento tácito é oca onde não há possibilidade real de saída mudando-se para um estado de natureza que não existe mais ou sendo capaz de emigrar quando você não tem habilidades específicas e nenhum outro idioma além de sua língua materna.[40] Você fica porque não tem escolha real. Mas para o contrato racial, é diferente. *Existe* uma escolha real para os brancos, embora seja reconhecidamente uma escolha difícil. A rejeição do contrato racial e das desigualdades normatizadas do regime branco não exige que se deixe o país, mas que se manifeste e se lute contra os termos do contrato. Assim, nesse caso, juízos morais/políticos sobre o "consentimento" de alguém a respeito da legitimidade do sistema político e das conclusões sobre esse alguém ter efetivamente se tornado signatário do "contrato" *são* apropriados — e também os juízos de culpabilidade desse alguém. Ao inquestionavelmente "se deixar levar", ao aceitar todos os privilégios da branquitude com concomitante cumplicidade com o sistema da supremacia branca, pode-se dizer que se consentiu com a Branquitude.

E, de fato, sempre houve brancos louváveis — anticolonialistas, abolicionistas, opositores do imperialismo, ativistas dos direitos civis, opositores do apartheid — que reconheceram a existência e a imoralidade da Branquitude como sistema político, desafiaram sua legitimidade e, na medida do possível, recusaram o contrato. (Visto que a mera cor da pele continuará automaticamente a privilegiá-los, claro, essa identificação com os oprimidos geralmente é apenas parcial.) Assim, o interessante fenômeno moral/político do *renegado branco*, o *traidor da raça*, na língua da Klan (preciso o suficiente na medida em que "raça" aqui denota Branquitude),[41] o explorador colonial que "se torna nativo", o soldado na Indochina francesa que contrai *le mal jaune*, o distúrbio amarelo (a doença perigosa da "afeição... à paisagem, às pessoas... e à cultura da Indochina"),[42] o amante do *nigger*, do injun ou do judeu. Esses indivíduos traem o regime branco em nome de uma definição mais ampla da pólis — "Traição à branquitude é lealdade à humanidade"[43] —, tornando-se assim "renegados dos Estados Unidos, traidores de seu país e da civilização", "um injun branco, e não há nada mais desprezível".[44] Pois, como o termo expressa, onde a moralidade foi racializada, a prática de uma ética genuinamente daltônica requer o repúdio da posição *Herrenvolk* e da epistemologia moral que a acompanha, provocando assim a condenação moral apropriada dos que defendem a lealdade racial e dos signatários brancos que não as repudiaram.

O nível de comprometimento e sacrifício, claro, irá variar. Alguns escreveram denúncias da verdade oculta do contrato racial — *O paraíso destruído*, de Las Casas: literatura abolicionista; o apelo do escritor francês Abbé Raynal pela revolução dos escravos negros; os escritos de Mark Twain para a Liga Anti-Imperialista (geralmente suprimidos por seus biógrafos como um constrangimento, como observa Chomsky);[45] o jornalismo de oposição de princípios de Sartre e Simone de Beauvoir contra a guerra colonial de seu país. Alguns tentaram salvar algumas de suas vítimas — a Underground Railroad; Sociedades de Proteção dos Aborígines; os carregamentos de judeus de Oskar Schindler; Don Macleod, o homem branco australiano "aceito como aborígine honorário, que ajudou a organizar a primeira greve aborígine em Pilbara em 1946";[46] Hugh Thompson, o piloto de helicóptero americano que ameaçou atirar em seus companheiros de exército, a menos que parassem de massacrar civis vietnamitas em My Lai.[47] Alguns realmente deram suas vidas pela luta — o revolucionário americano branco antiescravidão John Brown; os membros brancos do Congresso Nacional Africano que morreram tentando abolir o apartheid. Mas o simples fato de sua existência mostra o que era possível, colocando em contraste e abrindo para juízo moral o comportamento de seus companheiros brancos, que optaram, em vez disso, por aceitar a Branquitude.

O contrato racial sempre foi reconhecido pelos não brancos como o verdadeiro determinante da (maioria) da prática moral/política branca e, portanto, como o verdadeiro acordo moral/político a ser contestado

Se a epistemologia dos signatários, dos agentes do contrato racial, exige evasão e negação das realidades da raça, a epistemologia das vítimas, dos objetos do contrato racial, é, sem qualquer surpresa, focada nessas realidades. (Portanto, há uma relação recíproca, o contrato racial rastreando a consciência moral/política branca, a reação ao contrato racial rastreando a consciência moral/política não branca e estimulando uma investigação confusa *dessa* consciência moral/política branca.) O termo "teoria do ponto de vista" é agora rotineiramente usado para significar a noção de que, ao entender o funcionamento de um sistema de opressão, uma perspectiva de baixo para cima tem mais probabilidade de ser precisa do que uma de cima para baixo. O que está envolvido aqui, então, é uma versão "racial" da teoria do ponto de vista, uma vantagem cognitiva de perspectiva que está fundamentada na experiência fenomenológica da disjunção entre a realidade oficial (branca) e a experiência real (não branca), a "dupla consciência" da qual

W. E. B. Du Bois falou.⁴⁸ Essa experiência diferencial de raça gera uma percepção moral e política alternativa da realidade social que está encapsulada no insight da tradição folclórica negra americana que usei como epígrafe deste livro: a compreensão central, resumindo o contrato racial, de que "quando os brancos dizem 'Justiça', eles querem dizer 'Só Nós'".

Os não brancos sempre (pelo menos nos primeiros encontros) ficaram perplexos ou espantados com a *invisibilidade* do contrato racial para os brancos, o fato de que os brancos têm falado rotineiramente em termos universalistas, mesmo quando ficou bastante claro que o escopo tem realmente se limitado a eles mesmos. De forma correspondente, os não brancos, sem nenhum interesse material ou físico no contrato racial — objetos, e não sujeitos dele, vendo-o de fora, e não de dentro, subpessoas, e não pessoas —, são (pelo menos antes do condicionamento ideológico) capazes de ver seus termos com bastante clareza. Assim, a hipocrisia da política racial é mais transparente para suas vítimas. O corolário é que o interesse não branco pela teoria moral e política branca tem necessariamente se concentrado menos nos detalhes dos candidatos morais e políticos concorrentes particulares (utilitarismo versus deontologia versus teoria dos direitos naturais; liberalismo versus conservadorismo versus socialismo) do que no contrato racial não reconhecido que geralmente enquadra seu funcionamento. A variável que faz a maior diferença para o destino dos não brancos não são as divergências conceituais finas — ou mesmo grosseiras — das próprias teorias (todas têm suas variantes do tipo *Herrenvolk*), mas *se foi ativada ou não a subcláusula invocando o contrato racial, colocando assim a teoria no modo* Herrenvolk. Os detalhes das teorias morais, portanto, tornam-se menos importantes do que a *meta*teoria, o contrato racial, no qual elas estão inseridas. A questão crucial é se os não brancos são contados como pessoas completas, parte da população coberta pelo operador moral, ou não. A preocupação do pensamento moral e político não branco com questões de *raça,* igualmente intrigante para um liberalismo branco baseado em indivíduos atômicos incolores e um marxismo branco baseado em classes incolores em luta, torna-se assim prontamente explicável, uma vez que a realidade do contrato racial tenha sido concedida. O que está envolvido não é nem uma simples variante do nacionalismo europeu tradicional (ao qual às vezes é assimilado) nem um projeto político misterioso que se desenrola em algum espaço teórico alienígena (como nos jogos de linguagem mutuamente opacos postulados pelo pós-modernismo). O espaço conceitual unificador dentro do qual *tanto* a filosofia moral/política branca ortodoxa quanto a filosofia moral/política não branca não ortodoxa estão se desenvolvendo é o espaço que localiza o contrato social (mítico) no mesmo plano do contrato racial (real), baseando-se na tradução de "raça" na linguagem mutuamente comensurável e mutuamente inteligível da pessoalidade, demonstrando assim que esses são espaços contíguos, de fato *idênticos* — não tanto um universo conceitual *diferente,* mas um reconhecimento da matéria escura daquele *existente.* A pessoalidade pode ser tomada como certa por alguns, enquanto ela (e tudo o que a acompanha) tem que ser conquistada por outros, de modo que o projeto político humano geral de lutar por uma sociedade melhor envolve uma trajetória diferente para os não brancos.

Não é por acaso, então, que a teoria moral e política e as lutas práticas dos não brancos têm tantas vezes se concentrado na raça, o marcador da pessoalidade e da subpessoalidade, da inclusão ou exclusão da política racial. O aparato formal contratualista que tentei desenvolver não será articulado como tal. Mas as noções cruciais da diferenciação *pessoa/subpessoa*, o código moral correspondentemente estruturado racialmente (ética de *Herrenvolk*) e o *caráter supremacista branco* do regime podem ser encontrados de uma forma ou de outra em todos os lugares do pensamento anticolonial nativo americano, negro americano e terceiro e quartomundista.

Touro Sentado pergunta:

> Qual o tratado que os brancos mantiveram e o homem vermelho quebrou? Nenhum. Qual o tratado que o homem branco já fez conosco e que eles cumpriram? Nenhum. Quando eu era menino, os Sioux eram donos do mundo; o sol nascia e se punha em suas terras. Onde estão nossas terras? Quem é o dono delas? Que homem branco pode dizer que eu roubei sua terra ou um centavo de seu dinheiro? No entanto, eles dizem que eu sou um ladrão... Que lei eu violei? É errado eu amar os meus? É errado para mim porque minha pele é vermelha?

Ward Churchill, outro nativo americano, caracteriza os colonos europeus como uma "raça mestra" autoconcebida. David Walker reclama que os brancos consideram os negros como "não sendo da família humana", forçando os negros "a provarem para eles que nós mesmos somos homens". W. E. B. Du Bois representa os negros como um *"tertium quid"*, "em algum lugar entre homens e gado", comenta que "Liberdade, Justiça e Direito" estão marcados como "Somente para os Brancos" e sugere que "a afirmação 'eu sou branco'" está se tornando "o único princípio fundamental de nossa moralidade prática". Richard Wright analisa "a ética de viver o *jim crow*". Marcus Garvey conclui que os negros são "uma raça sem respeito". Jawaharlal Nehru afirma que a política britânica na Índia é "a do *Herrenvolk* e da raça mestra". Martin Luther King Jr. descreve o sentimento de "lutar para sempre contra um sentido degenerativo de não ser 'ninguém'". Malcolm X afirma que a América "não só nos privou do direito de sermos cidadãos, ela nos privou do direito de sermos seres humanos, do direito de sermos reconhecidos e respeitados como homens e mulheres [...]. Nós estamos lutando pelo reconhecimento como seres humanos". Frantz Fanon mapeia um mundo colonial dividido entre "duas espécies diferentes", uma "raça governante" e nativos "zoológicos". Aimé Césaire afirma que "o colonizador, [...] a fim de aliviar sua consciência, adquire o hábito de ver o outro homem como *um animal* [...] colonização = 'coisificação'". Aborígines australianos, em uma declaração de protesto de 1982 nos Jogos da Commonwealth em Brisbane, apontam que, "desde a invasão Branca, nossa humanidade está sendo degradada e nossa história distorcida por estranhos. [...] Diante do Mundo, acusamos a Austrália Branca (e sua Mãe, a Inglaterra) de crimes contra a humanidade e o planeta. Os últimos dois séculos de colonização são prova de nossa acusação. *Por meio desta, exigimos mais uma vez o reconhecimento de nossa humanidade e de nossos direitos à terra*".[49] A comunalidade moral central que une todas as suas experiências é a realidade da subordinação racial, necessariamente gerando uma topografia moral diferente daquela examinada no discurso ético branco.

De modo correlato, o regime era geralmente pensado em termos raciais, dado que os brancos governavam, e essa perspectiva se tornaria global no período da administração colonial formal. A teoria política, em parte, versa sobre quem são os principais atores, e, para o sistema político não reconhecido, eles não são os indivíduos atômicos do pensamento liberal clássico nem as classes da teoria marxista, são raças. As tentativas de vários povos nativos e coloniais (geralmente malsucedidas, insuficientes e tardias) de forjar uma unidade *racial* — pan-indianismo, pan-africanismo, pan-arabismo, pan-asianismo, pan-islamismo — surgiram em resposta a uma unidade branca *já alcançada*, um pan-europeísmo formalizado e incorporado pelos termos do contrato racial.

No período da supremacia branca global *de jure*, do colonialismo e da escravidão, essa solidariedade foi claramente percebida pelos brancos também. "Que raça é tudo, isso é simplesmente um fato", escreve o escocês Robert Knox em *The Races of Men* (1850);[50] e as teorias da necessidade de luta racial, guerra racial, contra as raças subordinadas são apresentadas como óbvias. O trabalho de Darwin suscitou esperanças em alguns setores, de que a seleção natural (talvez com uma pequena ajuda de seus amigos) varreria as raças inferiores remanescentes, como já havia feito providencialmente nas Américas e na Tasmânia, para que o planeta como um todo pudesse ser liberado para o assentamento branco.[51] E depois disso só o céu seria o limite. Na verdade, mesmo o céu *não* seria o limite, pois haveria sempre o sistema solar. Cecil Rhodes sonhou que talvez pudesse "anexar os planetas" para a Grã-Bretanha: "Onde há espaço, há esperança".[52]

Mas, infelizmente, esse nobre sonho não se realizaria. Mesmo com incentivo, os não brancos não morreram rápido o suficiente. Assim, os brancos tiveram que se contentar com o domínio colonial sobre as populações nativas em teimoso crescimento, enquanto, claro, mantinham um olhar atento tanto para a rebelião quanto para as noções subversivas de autogoverno. Vejam os vários perigos de cor — vermelho (ou seja, nativo americano), preto e amarelo — que assombraram a imaginação europeia e euro-implantada. "A Europa", comenta Kiernan, "pensou em sua identidade em termos de raça ou cor e se atormentou com temores do perigo amarelo ou do perigo negro — efeitos bumerangue, como poderiam ser chamados, de um perigo branco do qual os outros continentes estavam sofrendo de modo mais tangível".[53] O quadro político é bem explicitamente baseado na noção de que os brancos em todos os lugares têm um interesse comum em manter a supremacia branca global contra insurreições concebidas em termos raciais. Na virada do século, os europeus estavam preocupados com o "vasto amontoado de formigas", cheio de "formigas-soldados" da China, enquanto "temores semelhantes estavam no ar sobre um enorme exército negro", ameaçando uma guerra racial de vingança liderada por "Napoleões escuros".[54]

Embora houvesse aberturas ocasionais para a vantagem nacional estratégica, a solidariedade racial branca internacional foi geralmente demonstrada nas ações conjuntas para suprimir e isolar rebeliões de escravos e levantes coloniais: o boicote ao Haiti, a única revolução escrava bem-sucedida na história (e, não coincidentemente, hoje o país mais pobre do hemisfério ocidental), a intervenção comum contra a rebelião dos Boxers de 1899-1900 na China, a preocupação suscitada pela vitória japonesa de 1905 sobre a Rússia. Já no início do século xx, livros ainda eram publicados com títulos de advertência, como *The Passing of the Great Race* [A passagem da grande corrida] e

The Rising Tide of Color Against White World Supremacy [A crescente onda de cores contra a supremacia do mundo branco].⁵⁵ As diferenças e os conflitos intraeuropeus eram reais o suficiente, mas seriam rapidamente postos de lado diante da ameaça não branca:

> No curso de suas rivalidades, os europeus trocaram muitas palavras duras e às vezes abusaram uns dos outros para agradar um povo não europeu. [...] Mas quando o caso era de qualquer convulsão colonial séria, os homens brancos sentiram seu parentesco, e a Europa se uniu. [...] Acima de tudo, e de forma muito notável, apesar das inúmeras crises sobre reivindicações rivais, os países europeus conseguiram, a partir da Guerra da Independência americana em diante, evitar qualquer guerra colonial entre si.⁵⁶

Essa unidade terminou no século xx com a eclosão da Primeira Guerra Mundial, que foi em parte uma guerra interimperialista por reivindicações coloniais concorrentes. Mas, apesar da agitação e da participação militar não branca nos exércitos de seus respectivos países mães (em grande parte como bucha de canhão), o acordo pós-guerra não levou à descolonização, mas a uma redistribuição territorial entre as próprias potências coloniais. ("ok, eu vou ficar com este e você pode ficar com aquele.") Nos anos entre guerras, a Esfera de Coprosperidade da Grande Ásia Oriental do Japão foi vista pela maioria dos líderes ocidentais brancos como uma ameaça à supremacia branca global. De fato, já na Segunda Guerra Mundial, a popular escritora norte-americana Pearl Buck teve que alertar seus leitores de que os povos colonizados não continuariam a aturar a dominação branca global e que, a menos que houvesse mudanças, seu descontentamento levaria à "mais longa das guerras humanas [...], a guerra entre o homem branco e seu mundo e o homem de cor e seu mundo".[57] Correspondendo a essa solidariedade branca global que transcende as fronteiras nacionais, a política branca virtual, o interesse comum dos não brancos em abolir o contrato racial se manifestou em padrões de identificação emocional partidária que, de uma perspectiva moderna e mais nacionalista, agora parecem bastante bizarros. Em 1879, por exemplo, quando o rei da Birmânia soube da vitória zulu sobre um exército britânico em Isandhlwana, ele imediatamente anunciou sua intenção de marchar sobre Rangun.[58] Em 1905, os indianos comemoraram a vitória japonesa sobre os exércitos (brancos) do czar na Guerra Russo-Japonesa.[59] Na Guerra Hispano-Americana, os negros americanos levantaram dúvidas sobre o sentido de ser "um homem negro no exército do homem branco enviado para matar o homem pardo", e alguns negros realmente foram para o lado das forças filipinas de Emilio Aguinaldo.[60] Depois de Pearl Harbor, circulou na imprensa americana a piada sinistra sobre um meeiro negro que comentou com seu chefe branco: "Aliás, Capitão, eu ouvi que os japoneses declararam guerra a vocês, brancos"; militantes negros dos direitos civis exigiram a "dupla vitória": "vitória em casa, bem como no exterior"; a inteligência japonesa considerou a possibilidade de uma aliança com os negros americanos em uma frente de cor contra a supremacia branca; e americanos brancos ficaram preocupados com a lealdade negra.[61] A vitória vietnamita de 1954 sobre os franceses em Dien Bien Phu (como a captura japonesa de Singapura na Segunda Guerra Mundial) foi em parte vista como um triunfo *racial*, a derrota de um povo branco por um povo pardo, um golpe contra a arrogância da supremacia branca global.

Assim, no nível da consciência popular dos não brancos — particularmente na primeira fase do contrato racial, mas permanecendo na segunda fase —, a autoidentificação racial estava profundamente enraizada, com a noção de que os não brancos em todos os lugares estavam envolvidos em algum tipo de luta política comum, de modo que uma vitória para um era uma vitória para todos. As diferentes batalhas ao redor do mundo contra a escravidão, o colonialismo, o *jim crow*, "a barreira de cor", o imperialismo europeu, o apartheid eram, de certo modo, parte de uma luta comum contra o contrato racial. Como Gary Okihiro aponta, o que surgiu foi "uma formação racial global que complementou e sustentou o sistema-mundo econômico e político", gerando assim "identidades transnacionais de brancos e não brancos".[62] É esse mundo — essa realidade moral e política — que W. E. B. Du Bois descreve em sua famosa declaração pan-africanista de 1900, "Para as nações do mundo": "O problema do século XX é o problema da linha de cor", uma vez que, como ele apontaria mais tarde, muitos aceitaram "aquela filosofia moderna tácita, mas clara, que atribui apenas à raça branca a hegemonia do mundo e assume que outras raças [...] se contentarão em servir aos interesses dos brancos ou morrerão antes de sua marcha conquistadora".[63] Foi esse mundo que mais tarde produziu a Conferência de Bandung (Indonésia) de 1955, uma reunião de 29 nações asiáticas e africanas, os "oprimidos da raça humana", na expressão de Richard Wright, cuja decisão de discutir "racialismo e colonialismo" causou tanta consternação no Ocidente na época,[64] o encontro que até levou à formação do Movimento Não Alinhado. E foi esse mundo que estimulou, em 1975, a criação do Conselho Mundial dos Povos Indígenas, unindo aborígines australianos, maoris neozelandeses e indígenas americanos.[65] Se, para os leitores brancos, esse mundo intelectual, distante apenas meio século, agora parece um universo de conceitos alienígenas, isso é fruto do sucesso do contrato racial reescrito em transformar os termos do discurso público de modo que a dominação branca seja agora conceitualmente invisível. Como Leon Poliakov aponta, o constrangimento dos campos de extermínio (em solo europeu, pelo menos) levou a intelectualidade europeia do pós-guerra a uma sanitização do registro passado, em que o racismo se tornou a invenção aberrante de figuras de bodes expiatórios como Joseph-Arthur Gobineau: "Um vasto capítulo do pensamento ocidental, portanto, desaparece como por toque de mágica, e esse truque de conjuração corresponde, no nível psicológico ou psico-histórico, à supressão coletiva de memórias preocupantes e verdades vergonhosas".[66] O fato de o renascimento da filosofia política anglo--americana ocorrer *nesse* período, à época atual do contrato racial *de facto*, explica parcialmente sua sobrenatural insensibilidade racial. A história do imperialismo, do colonialismo e do genocídio, a realidade da exclusão racial sistêmica, está obscurecida em categorias aparentemente abstratas e gerais que originalmente eram restritas aos cidadãos brancos.

Mas as batalhas abertamente políticas — pela emancipação, pela descolonização, pelos direitos civis, pelos direitos à terra — eram apenas parte dessa luta. Os termos do contrato racial normatizam as próprias pessoas não brancas, estabelecendo moral, epistêmica e esteticamente sua inferioridade ontológica. Na medida em que os não brancos aceitam isso, na medida em que *eles* também foram signatários do contrato, há uma dimensão pessoal derivada nessa luta que é acomodada com dificuldade, se é que é acomodada, nas categorias da filosofia política dominante. Operando no terreno do contrato social e, portanto, pressupondo a pessoalidade, deixando de reconhecer a realidade do contrato racial, a teoria política ortodoxa tem dificuldade em entender a multidimensionalidade do pensamento político oposicional não branco.

O que é necessário para uma subpessoa se afirmar politicamente? Para começar, significa simplesmente, ou não tão simplesmente, reivindicar o status moral da pessoalidade. Portanto, significa desafiar a ontologia construída por brancos que a considerou um "corpo impolítico", uma entidade que não tem o direito de afirmar a pessoalidade, em primeiro lugar. Em certo sentido, ela precisa travar uma batalha interna antes mesmo de avançar para o terreno do combate externo. Precisa superar a internalização da subpessoalidade prescrita pelo contrato racial e reconhecer a própria humanidade, resistindo à categoria oficial de aborígine desprezado, escravo natural, tutelado colonial. Precisa aprender o respeito próprio básico que pode ser presumido casualmente pelas pessoas kantianas, aquelas privilegiadas pelo contrato racial, mas que é negado a subpessoas. Em particular para negros, ex-escravos, a importância de desenvolver o respeito próprio e exigir respeito dos brancos é crucial. Frederick Douglass relata "como um homem se tornou um escravo" e promete: "Você verá como um escravo se fez homem".[67] Mas, cem anos depois, essa luta ainda está em andamento. *"Os negros querem ser tratados como homens"*, escreveu James Baldwin na década de 1950, "uma declaração perfeitamente direta, contendo apenas sete palavras. As pessoas que dominaram Kant, Hegel, Shakespeare, Marx, Freud e a Bíblia acham essa afirmação totalmente impenetrável".[68] Ligada a essa luta pessoal estará uma dimensão epistêmica, uma resistência cognitiva aos aspectos racialmente mistificadores da teoria branca, a reconstrução meticulosa do passado e do presente necessária para preencher as lacunas cruciais e apagar as calúnias da visão de mundo europeia globalmente dominante. É preciso aprender a confiar em seus próprios poderes cognitivos, desenvolver seus próprios conceitos, percepções, modos de explicação, teorias abrangentes e opor-se à hegemonia epistêmica de estruturas conceituais projetadas em parte para frustrar e suprimir a exploração de tais assuntos; é preciso pensar *contra a corrente*. Há escavações das histórias ocultadas pelo contrato racial: investigação e valorização de seus passados nativos americanos, afro-americanos, africanos e asiáticos e pacíficos, mostrando a mentira da descrição da "selvageria" e da existência em estado de natureza de "povos sem história".[69] A exposição das deturpações do eurocentrismo, das "mentiras brancas" e das "mitologias brancas" não tão inocentes é, portanto, parte do projeto político de reivindicação da pessoalidade.[70] A longa história do que tem sido chamado, na tradição oposicional negra, de campo de estudos "vindicacionista",[71] é uma resposta política necessária às falsificações do contrato racial e que não tem correlato na teoria política do contrato *social*, porque os europeus tinham o controle cultural de seu próprio passado e, portanto, podiam ter certeza de que este não seria deturpado (ou, melhor dizendo, de que as deturpações seriam as deles mesmos).

Finalmente, o aspecto *somático* do contrato racial — a referência necessária que ele faz ao corpo — explica a *política corporal* que os não brancos muitas vezes incorporaram em sua luta. A supremacia branca global nega às subpessoas não apenas paridade moral e cognitiva, mas também estética. Em particular para o corpo negro, fenotipicamente mais distante da norma somática caucasoide, as implicações muitas vezes são a tentativa de se transformar o máximo possível em uma imitação do corpo branco.[72] Assim, a afirmação da plena pessoalidade negra também às vezes se manifestou no repúdio autoconsciente da transformação somática e na proclamação: "O negro é belo!". Para a filosofia política dominante, isso é apenas uma declaração sobre moda; para uma teoria informada pelo contrato racial, ela faz parte do projeto político de recuperar a pessoalidade.

O "contrato racial" como teoria é explicativamente superior ao contrato social sem raça para tratar das realidades políticas e morais do mundo e para ajudar a orientar a teoria normativa

O "contrato racial" como uma explicação naturalizada (doravante simplesmente "contrato racial") é teoricamente superior ao contrato social sem raça como modelo do mundo real e, de forma correspondente, do que precisa ser feito para reformá-lo. Eu, portanto, defendo a complementação das discussões-padrão do contrato social com uma abordagem do "contrato racial".

Pode-se responder que estou cometendo uma espécie de "erro categorial", já que, embora minhas afirmações sobre a centralidade do racismo na história global recente sejam verdadeiras, o contratualismo moderno há muito *desistiu* das pretensões explicativas do mundo real, sendo exercícios hipotéticos, subjuntivos de teoria *ideal*. Portanto, o fato de as sociedades reais não se basearem nessas normas, mesmo que verdadeiras e lamentáveis, é simplesmente irrelevante. Esses são apenas dois tipos diferentes de projetos.

A discussão no início deve ter deixado claro por que acho que essa resposta erra o alvo. Na medida em que a teoria moral e a filosofia política do contratualismo atual tentam prescrever ideais para uma sociedade justa, que presumivelmente se destinam a ajudar a transformar nossa sociedade *não* ideal atual, é obviamente importante esclarecer quais são os fatos. A prescrição moral e política dependerá em parte de afirmações empíricas e generalizações teóricas, descrições do que aconteceu no passado e do que está acontecendo agora, bem como visões mais abstratas sobre como a sociedade e o Estado funcionam e onde o poder político está localizado. Se os fatos forem radicalmente diferentes daqueles que são convencionalmente representados, é provável que as prescrições sejam radicalmente diferentes.

Agora, como indiquei no início, e de fato por toda parte, a ausência de discussões sobre raça e supremacia branca na maioria da filosofia moral/política branca levaria a pensar que raça e racismo foram marginais para a história do Ocidente. E essa crença é reforçada pelas conceitualizações dominantes do próprio regime, que o retratam como essencialmente sem raça, seja na visão dominante de uma democracia liberal individualista, seja na visão marxista radical minoritária de uma sociedade de classes. Portanto, não que os contratualistas convencionais não tenham *nenhuma* imagem geral da sociedade. (Na verdade, é impossível teorizar sem *alguma* imagem.) Em

Méritos "naturalizados" 173

vez disso, eles têm uma imagem *real* (tácita), que, por sua exclusão ou marginalização da raça e sua abordagem tipicamente higienizada, esbranquiçada e amnésica do imperialismo e da colonização europeus, é profundamente falha e enganosa. Assim, a poderosa imagem do contrato idealizado, na ausência de uma *contra*imagem explícita, continua a moldar tanto nossas teorizações descritivas quanto normativas. Ao não fornecer *nenhuma* história, o contratualismo contemporâneo encoraja seu público a preencher as lacunas com uma história *mistificada*, que no fim das contas é estranhamente parecida com a história (ostensivamente) repudiada no próprio contrato original! Ninguém realmente acredita hoje, claro, que as pessoas saíram formalmente da selva e assinaram um contrato. Mas *existe* a impressão de que os Estados-nação europeus modernos não foram afetados centralmente por sua história imperial e que sociedades como os Estados Unidos foram fundadas sobre nobres princípios morais que pretendiam incluir todos, mas, infelizmente, ocorreram alguns desvios.[73] *O "contrato racial" explode esta imagem como mítica, identificando-a como um artefato do contrato racial na segunda fase, a fase* de facto, *da supremacia branca*. Assim — no conjunto-padrão de metáforas da revolução perceptual/conceitual —, ele efetua uma mudança gestáltica, invertendo figura e fundo, alternando paradigmas, invertendo "norma" e "desvio", para enfatizar que *a exclusão racial não branca da pessoalidade era a norma real*. O racismo, a autoidentificação racial e o pensamento racial não são, assim, nem um pouco "surpreendentes", "anômalos", "intrigantes", incompatíveis com o humanismo europeu iluminista, mas *exigidos* pelo contrato racial como parte dos termos para a apropriação europeia do mundo. Então, em certo sentido, as discussões contratualistas padrão são fundamentalmente enganosas, porque elas representam as coisas de trás para a frente, para começo de conversa: o que geralmente foi tomado (quando ao menos foi notado) como a "exceção" racista tem sido, de fato, a *regra*; o que foi tomado como a "regra", a norma ideal, tem sido realmente a *exceção*.

A segunda razão, relacionada, por que o "contrato racial" deve fazer parte dos fundamentos necessários para a teoria política contemporânea, é que nossa teorização e nossa moralização *sobre* os fatos sociopolíticos são afetadas de maneira característica pela estrutura social. Há uma reflexividade na teoria política, em que se teoriza sobre si mesmo e teóricos posteriores criticam a cegueira dos anteriores. Os textos clássicos dos pensadores centrais da tradição política ocidental — por exemplo, Platão, Hobbes, Locke, Edmund Burke, Marx — normalmente fornecem não apenas juízos normativos, mas mapeamentos de ontologias sociais e epistemologias políticas que explicam por que os juízos normativos de outros pensadores são equivocados. Esses teóricos reconheceram que, para criar o regime *ideal*, é preciso entender como a estrutura e o funcionamento do regime *real* podem interferir em nossa percepção da verdade social. Nossos padrões característicos de compreensão e má compreensão do mundo são influenciados pela maneira como o mundo é e pela maneira como nós mesmos somos, seja naturalmente ou conforme moldados e formados por esse mundo.

Portanto, precisamos de critérios para o conhecimento político, seja penetrando as aparências ilusórias deste mundo empírico (Platão), aprendendo a discernir a lei natural (Hobbes, Locke), rejeitando a abstração em favor da sabedoria cumulativa do "preconceito" (Burke) ou nos desmistificando da ideologia burguesa e patriarcal (marxismo, feminismo). Particularmente para a teoria alternativa oposicional (como as duas últimas), a alegação será que um regime opressivo caracterizado pela dominação de grupo distorce nosso conhecimento de maneiras que precisam ser teorizadas. Estamos cegos para as realidades que devemos ver, tomando por naturais estruturas que, de fato, são criação humana. Portanto, precisamos ver de forma diferente, livrando-nos do preconceito de classe e gênero, reconhecendo como político o que anteriormente entendíamos como apolítico ou pessoal, promovendo uma inovação conceitual, reconcebendo o familiar, olhando com novos olhos para o velho mundo ao nosso redor.

Agora, se o "contrato racial" estiver certo, as concepções vigentes do regime são fundamentalmente falhas. Óbvio, há uma gigantesca diferença entre dizer que o sistema é basicamente sólido, apesar de alguns lamentáveis desvios racistas, e dizer que o regime é racialmente estruturado, que o Estado é supremacista branco e que as raças são elas mesmas existências significativas que uma ontologia política adequada precisa acomodar. Portanto, a disputa não seria apenas sobre os fatos, mas sobre *por que* esses fatos passaram tanto tempo sem apreensão nem teorização na teoria moral/política branca. Talvez a filiação ao *Herrenvolk*, a raça privilegiada por esse sistema político, tenda a impedir seu reconhecimento *como* um sistema político? De fato, talvez. Portanto, enfrentar esse desafio político não apenas implicaria uma "metanarrativa" radicalmente diferente da história que nos trouxe a esse ponto como também exigiria, como esbocei, repensar e reconceituar o aparato moral/político convencional existente e reexaminar do ponto de vista epistêmico autoconsciente reflexivo como esse aparato deficiente afetou a psicologia moral dos brancos e desviou sua atenção de certas realidades. Por seu silêncio crucial sobre a raça e as opacidades correspondentes de sua matriz conceitual convencional, o contrato social sem raça e o mundo sem raça da teoria moral e política contemporânea tornam misteriosas as questões e preocupações políticas reais que historicamente preocuparam uma grande parte da população mundial.

Pense na rica e colorida tapeçaria formada ao longo dos dois últimos séculos por abolicionismo, vindicacionismo racial, reivindicações de terras aborígines, movimentos anti-imperiais e anticoloniais, luta antiapartheid, buscas para recuperar heranças raciais e culturais, e pergunte a si mesmo que fio disso aparece dentro do tecido branqueado do texto-padrão da filosofia política do Primeiro Mundo. É inegável (alguém pode pensar) que essas lutas são políticas, mas as categorias dominantes obscurecem nossa compreensão. Elas parecem estar ocorrendo em um espaço conceitual diferente daquele habitado pela teoria política dominante. Alguém as procurará em vão na maioria das histórias-padrão e pesquisas contemporâneas do pensamento político ocidental. O recente advento das discussões sobre o "multiculturalismo" é bem-vindo, mas o que precisa ser apreciado é que essas são questões de *poder* político, não apenas incompreensões mútuas resultantes do choque de culturas. Na medida em que "raça" é assimilada a "etnia", a supremacia branca permanece não mencionada e a conexão prescrita pelo contrato racial histórico entre raça e pessoalidade é ignorada, essas discussões, em minha opinião, falham em fazer a drástica correção teórica necessária. Assim, essas discussões ainda ocorrem dentro de uma estrutura convencional, mesmo que expandida. Se eu estiver certo, o que precisa ser reconhecido é que, lado a lado com as estruturas políticas existentes familiares a todos nós, o tema-padrão da teoria política — absolutismo e constitucionalismo, ditadura e democracia, capitalismo e socialismo —, também existe uma estrutura política global não nomeada — *supremacia branca global* —, e essas lutas são, em parte, lutas contra esse sistema. Até que o sistema seja nomeado e visto como tal, nenhuma apreciação teórica séria do significado desses fenômenos é possível.

Outra virtude do "contrato racial" é que ele simultaneamente reconhece a *realidade* da raça (poder causal, centralidade teórica) e desmistifica a raça (postulando a raça como algo construído).[74] Historicamente, as teorias da raça mais influentes têm sido racistas, variedades mais ou menos sofisticadas do determinismo biológico, de especulações ingênuas pré-darwinistas até as posteriores visões mais elaboradas do darwinismo social do século xix e a ciência racial nazista *Rassenkunde* do século xx. Falar de "teoria racial" no clima oficialmente não racista de hoje provavelmente acionará alarmes: não se provou que a raça é irreal? Mas é uma falsa dicotomização assumir que as únicas alternativas são raça como inexistente e raça como essência biológica. A "teoria racial crítica" contemporânea — da qual este livro poderia ser visto como um exemplo — acrescenta o adjetivo especificamente para se diferenciar das visões essencialistas do passado.[75] *Raça é sociopolítica e não biológica, mas ainda assim é real.*

Assim, por um lado, ao contrário da teoria branca dominante, liberal *e* radical, o "contrato racial" vê que "raça" e "supremacia branca" são eles próprios termos teóricos críticos que devem ser incorporados ao vocabulário de uma teoria sociopolítica adequada, de que a sociedade não é apenas uma coleção de indivíduos atômicos nem apenas uma estrutura de trabalhadores e capitalistas. Por outro lado, o "contrato racial" desmistifica a raça, distanciando-se dos determinismos biológicos "oposicionais" (teoria da melanina, "povos do sol" e "povos do gelo") e do deplorável antissemitismo ocasional de alguns elementos recentes da tradição negra, à medida que a promessa de integração dos anos 1960 falha e estruturas sociais intransigentes e a crescente recalcitrância branca são cada vez mais conceituadas em termos naturalistas. O "contrato racial", portanto, se coloca dentro da parte dominante sensata da teoria moral ao não responsabilizar as pessoas pelo que elas não podem evitar. Mesmo brancos liberais de boa vontade às vezes ficam inquietos com a política racial, porque um vocabulário denunciatório grosseiramente indiferenciado ("branco") parece não permitir distinções políticas/morais padrão entre uma política de escolha — absolutista e democrata, fascista e liberal — pela qual é racional que nos responsabilizemos e uma cor de pele e um fenótipo que, afinal, não podemos escolher. Ao reconhecê-la como um sistema político, o "contrato racial" *voluntariza* a raça da mesma forma que o contrato social voluntariza a criação da sociedade e do Estado. Ele distingue entre brancura como fenótipo/genealogia e Branquitude como um compromisso político com a supremacia branca, abrindo espaço conceitual para "renegados brancos" e "traidores da raça". E seu objetivo não é substituir um contrato racial por outro de uma cor diferente, mas, em última instância, eliminar a raça (não como variedade humana inocente, mas como superioridade e inferioridade ontológicas, como direito e privilégio diferenciais) por completo.

De forma correlata, o "contrato racial" desmistifica a singularidade do racismo branco (para aqueles que, de modo compreensível, veem os europeus como *intrinsecamente* Brancos), localizando-o como o resultado contingente de um conjunto particular de circunstâncias. É apropriado, dado o registro histórico e sua negação até recentemente, que o racismo branco e que a Branquitude branca sejam o foco polêmico da crítica. Mas é importante não perder de vista o fato de que existem outros contratos raciais subordinados que não envolvem relações branco/não branco. Em certo sentido, o "contrato racial" descolore a Branquitude, desvinculando-a da brancura, demonstrando assim que, em um universo paralelo, poderia ter havido Amarelidade, Vermelhidão, Cobridão ou Negritude. Ou, colocando de outra forma, poderíamos ter tido uma Branquitude amarela, vermelha, parda ou preta: *Branquitude não é realmente uma cor, mas um conjunto de relações de poder.*

Isso é ilustrado pelo único desafiante sério do século XX à dominação europeia: o Japão. Como já mencionei, sua história única colocou os japoneses na posição peculiar de serem, em momentos diferentes, ou mesmo simultaneamente por sistemas diferentes, não brancos pelo contrato racial Branco global, brancos pelo contrato racial Local (nazista) e amarelos (brancos) por seu próprio contrato racial Amarelo. Na Ásia, os japoneses há muito se consideram a raça superior, oprimindo os Ainu em seu próprio país e proclamando durante a década de 1930 uma missão pan-asiática de "unir as raças amarelas" sob sua liderança contra a dominação ocidental branca. A crueldade exibida em ambos os lados durante a Guerra do Pacífico, uma "guerra sem misericórdia", surgiu em parte porque dos dois lados era uma guerra *racial*, uma guerra entre sistemas conflitantes de superioridade racial, reivindicações concorrentes à verdadeira Branquitude, rosa ou amarela. A manchete de um artigo de William Hearst resumiu: "A guerra no Pacífico é a Guerra Mundial, a Guerra das Raças Orientais contra as Raças Ocidentais pela Dominação do Mundo".[76] Conforme escrito durante a ocupação japonesa da China, a partir do Estupro de Nanquim, de 1937, o contrato racial Amarelo produziu um número de mortos estimado por alguns entre 10 e 13 milhões de pessoas.[77]

O que o triunfo do Eixo poderia ter significado para o mundo foi revelado em um documento notável que sobreviveu à queima desesperada de arquivos nas últimas semanas antes da chegada a Tóquio do exército de ocupação dos Estados Unidos: *Uma investigação do regime global com a raça yamato como núcleo*. Não exatamente equivalente ao infame Protocolo Nazista de Wannsee de 1942, que colocou em prática os detalhes da Solução Final, esse documento descreve a "hierarquia natural baseada em qualidades e capacidades inerentes" das várias raças do mundo, prevê uma ordem global na qual a "raça yamato" seria a "raça líder" (que teria de evitar casamentos mistos para manter sua pureza), e prescreve uma missão pós-guerra de expansão e colonização baseada em uma cartografia global ameaçadoramente revisada na qual, por exemplo, a América emerge como "ala oriental da Ásia".[78] Os Yamato e os arianos iriam, após a vitória, ter que lutar para decidir quem era a verdadeira raça mestra global. Portanto, não há razão para pensar que outros não brancos (não amarelos?) teriam se saído muito melhor sob essa versão do contrato racial. A questão, assim, é que, embora o contrato racial Branco tenha sido historicamente o mais devastador e o mais importante na formação dos contornos do mundo, ele não é único, e não deve haver ilusões essencialistas sobre a virtude "racial" intrínseca de ninguém. Todos os povos podem cair na Branquitude sob as circunstâncias apropriadas, como mostrado no massacre de 1994 por hútus negros ("brancos") de meio milhão a 1 milhão de tútsis negros inferiores em algumas semanas sangrentas em Ruanda.

Embora possa parecer, o "contrato racial" não é uma "desconstrução" do contrato social. Tenho alguma simpatia política pelo pós-modernismo — o desafio iconoclasta à teoria ortodoxa, a derrubada dos bustos de mármore branco no museu dos Grandes Pensadores Ocidentais — mas, em última análise, eu o vejo como um beco epistemológico e teórico sem saída, sintomático, em vez de diagnóstico, dos problemas globais à medida que entramos no novo milênio.[79] O "contrato racial" está realmente no espírito de uma *Ideologiekritik* racialmente informada e, portanto, pró-Iluminismo (isto é, o Iluminismo radical e a ser completado de Jürgen Habermas, embora a visão eurocêntrica, desracializada e desimperializada da modernidade de Habermas em si ainda demande crítica)[80] e antipós-modernista. Ele critica o contrato social a partir de uma base normativa que não vê os ideais do contratualismo como necessariamente problemáticos em si, mas mostra como eles foram traídos por contratualistas brancos. Assim, assume a intertraduzibilidade, a comensurabilidade conceitual da norma degradada e da crítica e as junta em uma união epistêmica que repudia a imagem pós-moderna de jogos de linguagem isolados e mutuamente ininteligíveis. Além disso, é explicitamente baseado na *verdade* de uma metanarrativa particular, a explicação histórica da conquista europeia do mundo, que fez do mundo o que ele é hoje. Assim, reivindica a verdade, a objetividade, o realismo, a descrição do mundo como realmente é, a prescrição para uma transformação desse mundo para alcançar a justiça racial — e suscita críticas nesses mesmos termos.

Na melhor tradição da crítica materialista oposicional da teoria social idealista hegemônica, o "contrato racial" *reconhece a realidade do mundo em que vivemos*, relaciona a construção de ideais, e a *não* realização desses ideais, ao caráter deste mundo, aos interesses grupais e às estruturas institucionalizadas e indica o que seria necessário para alcançá-los. Assim, une descrição e prescrição, fato e norma.

Ao contrário do contrato social, que é necessariamente envergonhado pelas histórias reais dos regimes em que é propagado, o "contrato racial" *parte de* tais realidades desconfortáveis. Assim, não é, como o contrato social, continuamente forçado a recuar para a abstração idealizante ilusória, a Terra do Nunca da teoria pura, mas pode mover-se prontamente entre o hipotético e o real, o subjuntivo e o indicativo, sem nenhuma necessidade de fingir que aconteceram coisas que não aconteceram, de velar, omitir e passar por cima. O "contrato racial" é íntimo do mundo e, portanto, não é continuamente "assombrado" por revelações sobre ele; ele não acha notável que o racismo tenha sido a norma e que as pessoas pensem em si mesmas como cidadãos racializados, em vez de cidadãos abstratos, o que qualquer história objetiva de fato mostrará. O "contrato racial" é uma abstração *mundana*, mostrando que o problema da filosofia política dominante não é a abstração em si (toda teoria, por definição, requer abstração), mas abstração que, como Onora O'Neill apontou, caracteristicamente se afasta das coisas que importam, os determinantes causais reais e seus correlatos teóricos necessários, guiados pelos termos do contrato racial que agora se apagou da existência, mas continua a afetar a teoria e a teorização por sua presença invisível.[81] O "contrato racial" escancara as portas do abafado e hermeticamente fechado pequeno universo da filosofia política ortodoxa e deixa o mundo correr para seus salões brancos estéreis, um mundo povoado não por cidadãos abstratos, mas por seres brancos, pretos, marrons, amarelos, vermelhos, interagindo, fingindo não ver, categorizando, julgando, negociando, aliando, explorando, lutando uns com os outros em grande medida de acordo com a raça — o mundo, em suma, no qual todos nós realmente vivemos.

Finalmente, o "contrato racial" localiza-se orgulhosamente na longa e honrosa tradição da teoria oposicional negra, a teoria daqueles a quem foi negada a capacidade de teorizar, as cognições de pessoas que rejeitam sua subpessoalidade oficial. Os termos peculiares do contrato de escravidão significavam que, de todas as variedades de subpessoas, os negros eram os mais diretamente confrontados ao longo de um período de centenas de anos com as contradições da teoria branca, ao mesmo tempo sendo e não sendo uma parte do regime branco e, como tal, epistemicamente privilegiados. O "contrato racial" presta homenagem aos insights de gerações de "homens da raça" anônimos (e "mulheres da raça") que, nas circunstâncias mais difíceis, muitas vezes autoeducados, tiveram negado o acesso ao treinamento formal e aos recursos da academia, foram objeto de desprezo e desdém pela teoria branca hegemônica e, no entanto, conseguiram forjar os conceitos necessários para traçar os contornos do sistema que os oprimia, desafiando o peso maciço de uma produção acadêmica branca que justificava moralmente essa opressão ou negava sua existência.

Ativistas negros sempre reconheceram a dominação branca, o poder branco (o que um escritor em 1919 chamou de "brancocracia", o governo dos brancos),[82] como um sistema político de exclusão e privilégio diferencial, problematicamente conceituado pelas categorias do liberalismo branco ou do marxismo branco. O "contrato racial" pode, portanto, ser considerado vernáculo negro (literalmente: "a linguagem do escravo"), fazendo um *"Signifyin(g)"** no contrato social, uma revisão formal com uma "voz dupla", "com dois tons", que "critica a natureza do significado (branco) em", demonstrando que "um simultâneo mas negado universo discursivo paralelo (ontológico, político) existe dentro do universo discursivo branco mais geral".[83] É uma desmistificação negra das mentiras da teoria branca, revelando a vestimenta típica da Klan por baixo do terno do político branco. Irônico, descolado, moderno e, acima de tudo, *conhecedor*, o "contrato racial" fala da perspectiva dos conhecedores cuja mera presença nos corredores da teoria branca é uma ameaça cognitiva porque — na lógica epistêmica invertida do regime racial — a "situação discursiva ideal" requer nossa ausência, uma vez que somos, literalmente, os homens e mulheres *que sabem demais*, que — nessa maravilhosa expressão americana — *sabem onde os corpos estão enterrados* (afinal, muitos deles são nossos). Ele faz o que a crí-

---

* Segundo Gates Jr. (ver nota 83 deste capítulo), *Signifyi(g)* é um modo de expressar, relacionar e entender ideias que é parte fundamental da tradição literária negra norte-americana. Para ele: "Signifyin(g) é um tropo no qual estão reunidos muitos outros tropos retóricos, incluindo metáfora, metonímia, sinédoque e ironia (o tropo mestre), e também hipérbole, litotes e metalepse [...]. A essa lista poderíamos facilmente adicionar aporia, quiasmo e catacrese, sendo todas elas usadas no ritual do *Signifyin(g)*" (*The Signifying Monkey*, p. 52).

tica negra sempre teve que fazer para ser eficaz: situa-se no mesmo espaço que seu adversário e, em seguida, mostra o que decorre de "escrever 'raça' e [ver] a diferença que faz".[84] Como tal, torna possível para nós conectarmos os dois, em vez de, como no presente, tê-los isolados em dois espaços guetizados, a guetização da teoria política negra ao ser excluída da discussão dominante, a guetização da teoria dominante branca ao se apartar da realidade.

A luta para fechar a lacuna entre o ideal do contrato social e a realidade do contrato racial tem sido a história política não reconhecida das últimas centenas de anos, a "batalha da linha da cor", nas palavras de W. E. B. Du Bois, e é provável que continue assim no futuro próximo, à medida que: a divisão racial continua a apodrecer; os Estados Unidos se movem demograficamente de uma sociedade de maioria branca para uma sociedade de maioria não branca; o abismo entre um Primeiro Mundo em grande parte branco e um Terceiro Mundo amplamente não branco continua a se aprofundar; a imigração ilegal desesperada do último para o primeiro aumenta; e as demandas por justiça global em uma nova ordem mundial de "apartheid global" se intensificam.[85] Nomear essa realidade é colocá-la no foco teórico necessário para que essas questões sejam abordadas de forma honesta. Aqueles que fingem não as ver, que afirmam não reconhecer a imagem que esbocei, estão apenas dando seguimento à epistemologia da ignorância exigida pelo contrato racial original. Enquanto essa ignorância premeditada persistir, o contrato racial apenas será reescrito, em vez de totalmente rasgado, e a justiça continuará restrita a "apenas nós".

Agradecimentos

A história que inspira este pequeno livro é antiga, e há muito tempo eu tenho pensado sobre essa história e como incorporá-la em um cenário filosófico. Ao longo do caminho, incorri em muitas dívidas, algumas das quais certamente esqueci, e essa lista de agradecimentos é apenas parcial.

Em primeiro lugar, claro, à minha família: meus pais, Gladstone e Winnifred Mills, que me criaram para prestar igual respeito a pessoas de todas as raças; meu irmão, Raymond Mills, e meu primo, Ward Mills, pela conscientização; meu tio e minha tia, Don e Sonia Mills, por seu papel na luta da Jamaica nos anos 1970 contra o legado do contrato racial global. Minha esposa, Elle Mills, que apoiou meu trabalho desde o início, às vezes tendo mais fé em mim do que eu mesmo.

Amigos especiais, passados e presentes, também devem ser citados: agradeço a Bobs pelos velhos tempos; a Lois, uma amiga de fato, e uma amiga para o que precisei; a Femi, companheiro terceiro-mundista, por inúmeras conversas desde nossos dias juntos na pós-graduação sobre como a filosofia na universidade poderia se tornar menos acadêmica.

Horace Levy, meu primeiro professor de filosofia, e por muitos anos a unidade individual móvel de filosofia do campus de Mona da West Indies University, merece menção particular, assim como Frank Cunningham e Danny Goldstick, da University of Toronto, que me receberam no programa de pós-graduação do Departamento de Filosofia há mais tempo do que qualquer um de nós faz questão de se lembrar. A confiança de John Slater em mim e seu apoio ao meu progresso no doutorado, apesar da minha quase inexistente formação no assunto na graduação, foram cruciais. A todos eles eu sou grato.

Originalmente, comecei a trabalhar nessas questões em 1989, durante a vigência de uma bolsa de pesquisa de verão para o corpo docente júnior da University of Oklahoma. Um primeiro rascunho foi escrito no ano que passei como pesquisador do Institute for the Humanities, da University of Illinois at Chicago (UIC), entre 1993 e 1994, e o rascunho final foi concluído durante meu período sabático no semestre da primavera de 1997. Tanto na minha instituição anterior quanto na atual, tive a sorte de ter tido uma série de chefes de departamento que apoiaram muito os pedidos de subsídios, bolsas de estudo, viagens, licenças e anos sabáticos: John Biro e Kenneth Merrill na University of Oklahoma; Richard Kraut, Dorothy Grover e Bill Hart na UIC. Quero declarar o quanto sou profundamente grato a eles por esse apoio. Além disso, fiz inúmeros pedidos de ajuda a Charlotte Jackson e Valerie McQuay, as inestimáveis assistentes administrativas do Departamento de Filosofia da UIC, e elas têm sido infinitamente pacientes e prestativas, facilitando muito o meu trabalho.

Agradeço a Bernard Boxill, Dave Schweickart e Robert Paul Wolff por suas cartas de endosso à minha candidatura à bolsa do Humanities Institute da UIC, que me permitiu dar início ao manuscrito original. Foi sugestão de Bob Wolff, apoiado por Howard McGary Jr., que eu optasse por "um livro curto e contundente", acessível a um público de não filósofos. Espero que isso seja contundente o suficiente para vocês, pessoal.

Uma versão anterior e mais curta deste livro foi lida e criticada por membros do Politically Correct Discussion Group of Chicago (PCDGC); eu me beneficiei das críticas de Sandra Bartky, Holly Graff, David Ingram e Olufemi Taiwo. Jay Drydyk leu o manuscrito e deu contribuições e incentivos valiosos. Também me beneficiei do feedback do público nas seguintes apresentações, entre 1994 e 1996: no Institute for the Humanities, UIC; na Society for the Humanities, Cornell University; um colóquio na Queen's University; um painel na reunião anual da Society for Phenomenology and Existential Philosophy; e uma conferência intitulada "The Academy and Race", na Villanova University.

Tenho recebido, de forma consistente, encorajamento especial das teóricas feministas no projeto: minha amiga Sandra Bartky, Paola Lortie, Sandra Harding, Susan Babbitt, Susan Campbell e Iris Marion Young. Também aprendi muito ao longo dos anos com a teoria política feminista, e, obviamente, tenho uma dívida com Carole Pateman em particular. Meu foco na raça, aqui, não deve ser entendido como se eu

Agradecimentos

não reconhecesse a realidade do gênero como um outro sistema de dominação. Alison Shonkwiler, minha editora na Cornell University Press, ficou muito entusiasmada com o manuscrito desde a primeira leitura, e em grande parte sua convicção foi que me convenceu de que havia de fato um livro aqui e de que eu deveria escrevê-lo. Por sua energia e incentivo, e pelo olhar editorial aguçado que, sem dúvida, fez deste um livro melhor do que poderia ser, expresso o meu profundo apreço.

Finalmente, como um estranho em uma terra estranha, fui bem recebido aqui pelo American Philosophical Association Committee on the Status of Blacks in Philosophy. Gostaria de destacar e agradecer a Howard McGary Jr., Leonard Harris, Lucius Outlaw Jr., Bill Lawson, Bernard Boxill e Laurence Thomas por me fazerem sentir em casa. Como um beneficiário de ação afirmativa, eu não estaria na universidade americana hoje não fosse pelas lutas dos negros americanos. Este livro é, em parte, um reconhecimento dessas lutas e um tributo a elas — e, de modo mais geral, à tradição radical negra internacional de resistência política que elas exemplificam.

C. W. M.
1997

Agradecimentos da edição comemorativa de 25 anos

Gostaria de expressar minha gratidão a todos os professores, ao longo dos anos, que incluíram O contrato racial em inúmeros cursos dentro e fora da filosofia nos Estados Unidos e também em muitos outros países. Numa época (agora passada) em que a "pós-racialidade" e o "daltonismo"* estavam surgindo como as novas normas, vocês reconheceram que, embora um mundo pós-racial possa de fato ser desejável, apenas desejar não faz com que ele se efetive. O reconhecimento das realidades da raça e a educação da geração mais jovem sobre essas realidades são cruciais. Ao fazer isso, vocês ajudaram a tornar O contrato racial um best-seller acadêmico — mais de 50 mil cópias vendidas até 2021.

Agradeço também aos meus colegas filósofos negros envolvidos no mesmo projeto, que merecem crédito como pioneiros no campo, ajudando a estabelecer a filosofia africana e afro-diaspórica** e o que acabaria sendo designado filosofia crítica da raça muito antes de serem considerados profissionalmente respeitáveis. Minha gratidão a todos vocês, especialmente àqueles que conheço pessoalmente (muitos para serem mencionados), tanto por me acolherem aqui nos Estados Unidos quanto por todos os anos conversando nos mal frequentados painéis tarde da noite, nos encontros da American Philosophical Association. No final, valeu a pena.

Tive a sorte de ter trabalhado com duas maravilhosas editoras na Cornell University Press, Alison Shonkwiler, mencionada nos agradeci-

---

* No original, *color-blindness*: termo em inglês para daltonismo, condição médica caracterizada pela dificuldade de diferenciar certas cores. Apesar do uso corrente de *color-blindness* para se referir a uma suposta postura de não discriminação racial, o termo é frequentemente criticado por conta da patologização implicada em seu uso. (N. T.)

** No original, *Africana philosophy*: o termo, em geral, se refere tanto à filosofia africana quanto à filosofia afro-diaspórica. (N. T.)

mentos originais, e Emily Andrew. Enquanto escrevo este texto, Emily está deixando a Cornell para buscar outras oportunidades profissionais. Mas estou em dívida com ela por ter tido a grande ideia de uma edição de vigésimo quinto aniversário e por ter insistido com determinação contra minha inércia natural para vê-la concluída antes de sua partida. Se esta nova edição deve sua existência a alguém, é a você, Emily. Um sincero muito obrigado e os melhores votos para sua nova carreira.

Finalmente, por uma coincidência perfeita, fui informado, com o livro prestes a ir para impressão, de que *O contrato racial* acabara de ganhar o Prêmio Benjamin E. Lippincott 2021, um prêmio da American Political Science Association dado a cada dois anos a um trabalho político "de excepcional qualidade, por um teórico político vivo que é ainda considerado significativo após um período de pelo menos quinze anos desde a data original de publicação". Meu profundo apreço ao comitê de premiação pela honraria: Barbara Arneil, presidente (University of British Columbia); Steven B. Smith (Yale University); e David Runciman (University of Cambridge). Eu não poderia ter desejado um lançamento melhor para esta nova edição.

C. W. M.
2021

Notas

Prólogo [pp. 9-17]

1. Esses primeiros ensaios podem ser encontrados em: Charles W. Mills, *Blackness Visible*. Ithaca: Cornell University Press, 2015; e *From Class to Race: Essays in White Marxism and Black Radicalism*. Washington D. C.: Rowman & Littlefield, 2003.
2. Alguns escritos importantes do movimento podem ser encontrados em: Kimble Crenshaw et al. (Orgs.). *Critical Race Theory: The Key Writings that Formed the Movement*. Nova York: The New Press, 1995.
3. Ver Tommie Shelby, "Racial Realities and Corrective Justice: A Reply to Charles Mills". *Critical Philosophy of Race*, v. 1, n. 2, pp. 145-62, 2013.

Prefácio [pp. 19-28]

1. O livro *Black Marxism: The Making of the Black Radical Tradition*, de Cedric J. Robinson (Chapel Hill: University of North Carolina Press, 2000), originalmente cunhou a frase, embora seu conteúdo permaneça contestado.
2. Leonard Harris, *Philosophy Born of Struggle: Anthology of Afro-American Philosophy from 1917*. Dubuque, Iowa: Kendall; Hunt, 1983.
3. John Rawls, *A Theory of Justice: Revised Edition*. Cambridge: Harvard University Press, 1999. [Ed. bras.: *Uma teoria da justiça*. São Paulo: Martins Fontes, 2000.]
4. Kwame Anthony Appiah, *In my Father's House: Africa in the Philosophy of Culture*. Oxford: Oxford University Press, 1993. [Ed. bras.: *Na casa de meu pai: A África na filosofia da cultura*. Trad. de Vera Ribeiro. Rio de Janeiro: Contraponto, 1997.]
5. Appiah, *In my Father's House*, p. 40. Em trabalhos subsequentes, ele modificaria um pouco sua posição original.
6. Lucius T. Outlaw, *On Philosophy and Race*. Londres: Routledge, 1996.

7. Charles W. Mills, *Black Rights/White Wrongs: The Critique of Racial Liberalism*. Oxford: Oxford University Press, 2017.
8. Tommie Shelby, *Dark Ghettos: Injustice, Dissent, and Reform*. Cambridge: Harvard University Press, 2016.
9. Ver, por exemplo, Amy Baehr (Org.), *Varieties of Feminist Liberalism* (Washington D. C.: Rowman & Littlefield Publishers, 2004); e Ruth Abbey, *The Return of Feminist Liberalism* (Londres: Routledge, 2011).
10. Para uma discussão crítica sobre mim e Shelby, ver Shatema Threadcraft, *Intimate Justice: The Black Female Body and the Body Politic*. Oxford: Oxford University Press, 2016.
11. Carole Pateman, *The Sexual Contract*. Palo Alto, Calif.: Stanford University Press, 1988. [Ed. bras.: *O contrato sexual*. Trad. de Marta Avancini. Rio de Janeiro: Paz e Terra, 1993.]; Stacy Clifford Simplican, *The Capacity Contract: Intellectual Disability and the Question of Citizenship*. Minneapolis: University of Minnesota Press, 2015.
12. Para minhas próprias sugestões, ver minha Tanner Lecture de 2020, "Theorizing Racial Justice", a ser publicada em *The Tanner Lectures on Human Values*.
13. Michelle Goldberg, "The Campaign to Cancel Wokeness". *New York Times*, 28 fev. 2021, SR, 3.

Introdução [pp. 33-40]

1. Um relatório de 1994 sobre a filosofia americana, "Status and Future of the Profession", revelou que "apenas um departamento em vinte (28 dos 456 departamentos relatados) tem pelo menos um afro-americano [com estabilidade] no corpo docente, com um pouco menos tendo professores [com estabilidade] hispano-americanos ou asiático-americanos (dezessete departamentos, em ambos os casos). Apenas sete departamentos têm algum docente [com estabilidade] nativo americano" (*Proceedings and Addresses of The American Philosophical Association*, v. 70, n. 2, p. 137, 1996).
2. Para uma visão geral, ver, por exemplo, Ernest Barker, *Social Contract, Essays by Locke, Hume and Rousseau* (Oxford: Oxford University Press, 1960 [1947]); Michael H. Lessnoff, *Social Contract*, Atlantic Highlands, N.J.: Humanities Press, 1986; Will Kymlicka, "The Social Contract Tradition". In: P. Singer (Org.). *A Companion to Ethics*, v. 186. Oxford:

Blackwell Reference, 1991, pp. 186-96; Jean Hampton, "Contract and Consent". In: R. Goodin; P. Pettit (Orgs.). *A Companion to Contemporary Political Philosophy*. Oxford: Blackwell Reference, 1993, pp. 379-93.
3. Os povos indígenas como um grupo global às vezes são chamados de "Quarto Mundo". Ver Roger Moody (Org.), *The Indigenous Voice: Visions and Realities*. 2. ed. Utrecht: International Books, 1993 [1988].
4. Para uma exceção louvável, ver Iris Marion Young, *Justice and the Politics of Difference* (Princeton: Princeton University Press, 1990). Young se concentra explicitamente nas implicações da subordinação de grupo para as concepções-padrão de justiça, incluindo grupos raciais.
5. O crédito por reviver a teoria do contrato social e, de fato, da filosofia política pós-guerra em geral é geralmente atribuído a John Rawls, *A Theory of Justice: Revised Edition*. Cambridge: Harvard University Press, 1999.
6. Thomas Hobbes, *Leviathan*. In: Richard Tuck (Org.). Cambridge: Cambridge University Press, 1991 [Ed. bras.: *Leviatã: Matéria, forma e poder de um Estado eclesiástico e civil*. [S.l.]: LeBooks, 2019]; John Locke, *Two Treatises of Government*. In: Peter Laslett (Org.). Cambridge: Cambridge University Press, 1988 [1960] [Ed. bras.: *Dois tratados do governo civil*. São Paulo: Leya, 2019]; Jean-Jacques Rousseau, *Discourse on the Origins and Foundations of Inequality Among Men*. Nova York: Penguin Putnam Books, 1984 [Ed. bras.: *Discurso sobre a origem e os fundamentos da desigualdade entre os homens*. São Paulo: Leya, 2020]; Rousseau, *The Social Contract*. Londres: Penguin, 1968 [Ed. bras.: *Do contrato social ou princípios do direito político*. São Paulo: Companhia das Letras, 2011]; Immanuel Kant, *The Metaphysics of Morals*. Cambridge: Cambridge University Press, 1991 [Ed. bras.: *Metafísica dos costumes: Contendo a doutrina do direito e a doutrina da virtude*. Bauru: Edipro, 2020].
7. Em "Contract and Consent", p. 382, Jean Hampton nos lembra que, para os teóricos clássicos, o contrato se destina "simultaneamente a descrever a natureza das sociedades políticas e a prescrever uma forma nova e mais defensável para tais sociedades". Nesse ensaio, e também em "The Contractarian Explanation of the State" (in: Peter French, Theodore E. Uehling Jr. e Howard K. Wettstein, *The Philosophy of the Human Sciences, Midwest Studies in Philosophy*. Notre

Dame, Ind.: University of Notre Dame Press, 1990, pp. 344-71), ela argumenta explicitamente por um renascimento da antiga e aparentemente desacreditada "explicação contratualista do Estado". Hampton ressalta que as imagens do "contrato" captam o ponto essencial de que "sociedades políticas autênticas são criações humanas" (não ordenadas divinamente ou determinadas naturalmente) e "*convencionalmente* geradas".

8. Rousseau, *Discourse on Inequality*, parte 2.
9. Carole Pateman, *The Sexual Contract*. Palo Alto, Cal.: Stanford University Press, 1988. Uma diferença entre nossas abordagens é que Pateman pensa que o contratualismo é *necessariamente* opressivo — "O contrato sempre gera direito político na forma de relações de dominação e subordinação" (p. 8) —, enquanto eu vejo a dominação, na teoria dos contratos, como mais contingente. Para mim, em outras palavras, um contrato racial *não teve que* sustentar o contrato social. Pelo contrário, esse contrato é o resultado da conjunção particular de circunstâncias na história global que levou ao imperialismo europeu. E, como corolário, acredito que a teoria do contrato pode ser usada de modo positivo, uma vez que essa história oculta seja reconhecida, embora eu não desenvolva aqui esse programa. Para um exemplo de contratualismo feminista que contrasta com a avaliação negativa de Pateman, ver Susan Moller Okin, *Justice, Gender, and the Family*. Nova York: Basic Books, 1989.
10. Ver, por exemplo, Paul Thagard, *Conceptual Revolutions*. Princeton: Princeton University Press, 1992, p. 22.
11. Ver Hampton, "Contract and Consent" e "Contractarian Explanation". O foco de Hampton é o estado liberal-democrático; mas obviamente sua estratégia de empregar o "contrato" para conceituar normas e práticas convencionalmente geradas está aberta para ser adaptada à compreensão do estado *racial* não liberal-democrático; a diferença é que "o povo" agora se torna a população branca.

1. Visão geral [pp. 41-78]

1. Otto Gierke os chamou, respectivamente, de *Gesellschaftsvertrag* e *Herrschaftsvertrag*. Para uma discussão, ver, por exemplo, Ernest Barker, "Introduction", in: *Social Contract* (Oxford: Oxford University

Press, 1967); e Michael Lessnoff, *Social Contract Theory*, cap. 3 (Hoboken, N.J.: Basil Blackwell, 1990).
2. Michael Rawls, *Theory of Justice*, parte 1 (2. ed. rev. Cambridge: Belknap Press, 1999).
3. Ao falar de forma geral em "brancos", não estou, naturalmente, negando que existam relações de dominação e subordinação de gênero ou, também, relações de dominação e subordinação de classe no interior da população branca. Não estou afirmando que a raça é o único eixo da opressão social. Mas quero focalizar a raça; então, na ausência dessa entidade quimérica, uma teoria unificadora de opressão de raça, classe e gênero, parece-me necessário fazer generalizações que seriam estilisticamente complicadas de qualificar, em todos os aspectos. Então, elas devem ser assumidas. No entanto, quero insistir que meu quadro geral é aproximadamente preciso, ou seja, que os brancos, em geral, *de fato* se beneficiam da supremacia branca (embora a diferenciação de gênero e classe implique, é claro, que eles não se beneficiam de maneira igual) e que a solidariedade racial branca historicamente se sobrepôs à solidariedade de classe e gênero. Mulheres, classes subordinadas e não brancos podem ser todos oprimidos, mas não é uma opressão partilhada: a estruturação é tão diferente que não levou a nenhuma frente comum entre eles. Historicamente, nem as mulheres brancas nem os trabalhadores brancos se aliaram *como grupo* (e não como indivíduos movidos por princípios) aos não brancos contra o colonialismo, a colonização branca, a escravização, o imperialismo, as Leis Jim Crow, o apartheid. Todos nós temos múltiplas identidades e, nessa medida, a maioria de nós é privilegiada e desfavorecida por diferentes sistemas de dominação. Mas a identidade racial branca geralmente triunfou sobre todas as outras; é a raça que (através dos gêneros, através das classes) tem geralmente determinado o mundo social e as lealdades, o mundo da vida dos brancos — seja como cidadãos da pátria colonizadora, colonizadores, não escravizados ou beneficiários da "barreira de cor" e da "linha de cor". Nunca houve um mundo de "trabalhadores" espontaneamente cristalizado que atravessasse as raças ou um mundo "feminino" que atravessasse as raças: raça é a identidade em torno da qual os brancos geralmente cerram fileiras. No entanto, como concessão, um sinal semântico desse privilégio de gênero reconhecido dentro

da população branca, pelo qual a pessoalidade da mulher branca é originalmente virtual, dependente de ter a relação apropriada (filha, irmã, esposa) com o homem branco, às vezes usarei deliberadamente a palavra "homens", que não é neutra em termos de gênero. Para bibliografia recente sobre essas interseções problemáticas de identidade, ver, por exemplo, Ruth Frankenberg, *White Women, Race Matters: The Social Construction of Whiteness* (Minneapolis: University of Minnesota Press, 1993); Nupur Chaudhuri e Margaret Strobel (Orgs.), *Western Women and Imperialism: Complicity and Resistance* (Bloomington: Indiana University Press, 1992); David R. Roediger, *The Wages of Whiteness: Race and the Making of the American Working Class* (Londres: Verso, 1991).

4. Rousseau, *Social Contract*; Hobbes, *Leviathan*.
5. Para uma discussão acerca das duas versões, ver Will Kymlicka, "The Social Contract Tradition". In: Peter Singer (Org.). *A Companion to Ethics*. Oxford: Blackwell, 1993, pp. 186-96.
6. O julgamento de Hobbes, de que "a INJUSTIÇA não passa da *não execução do pacto*" (*Leviathan*, p. 100), tem sido tomado como uma declaração de convencionalismo moral. A moralidade social igualitária de Hobbes não se baseia na igualdade moral dos seres humanos, mas numa grosseira paridade de poder físico e de capacidade mental no estado da natureza (cap. 13). Dentro desse quadro, o contrato racial seria então o resultado natural de uma *disparidade* sistemática de poder — de armamento, não de força individual — entre a Europa expansionista e o resto do mundo. Pode-se dizer que isso está bem resumido na famosa cantiga de Hilaire Belloc: "Aconteça o que acontecer, nós temos a metralhadora Maxim, e eles não" (Hilaire Belloc, "The Modern Traveller", apud John Ellis, *The Social History of the Machine Gun*. Baltimore: JHU Press, 1986 [1975], p. 94). Ou, em um estágio anterior, na conquista das Américas, do mosquete e da espada de aço.
7. Ver, por exemplo, Alexander Passerin D'Entrèves, *Natural Law: An Introduction to Legal Philosophy*, 2. ed. rev., 1951 (reimp.: Londres: Hutchinson, 1970).
8. John Locke, *Second Treatise of Two Treatises of Government*, p. 269.
9. Immanuel Kant, *Metaphysics of Morals*, pp. 230-2.
10. Ver Arthur O. Lovejoy, *The Great Chain of Being*. Cambridge: Harvard University Press, 1948.

11. Para a noção de "comunidades epistemológicas", ver trabalhos recentes em teoria feminista, por exemplo, Linda Alcoff e Elizabeth Potter, *Feminist Epistemologies* (Londres: Routledge, 1993).
12. Assim, Ward Churchill, nativo americano, fala sardonicamente de "fantasias da raça mestra", in: M. Anette Jaimes (Org.). *Fantasies of the Master Race: Literature, Cinema, and the Colonization of American Indians*. Maine: Common Courage Press, 1992; William Gibson, *Neuromancer*. Nova York: Ace Science Fiction Books, 1984.
13. Robert Young, *White Mythologies: Writing History and the West*. Londres: Routledge, 1990; Edward W. Said, *Orientalism*. Nova York: Vintage Books, 1979 [1978] [Ed. bras.: *Orientalismo: O Oriente como invenção do Ocidente*. São Paulo: Companhia das Letras, 2007]; V. Y. Mudimbe, *The Invention of Africa: Gnosis, Philosophy, and the Order of Knowledge*. Bloomington: Indiana University Press, 1988 [Ed. bras.: *A invenção da África: Gnose, filosofia e a ordem do conhecimento*. Petrópolis: Vozes, 2019]; Enrique Dussell, *The Invention of the Americas: Eclipse of "the Other" and the Myth of Modernity*. Nova York: Continuum, 1995 [1992]; Robert F. Berkhofer, *The White Man's Indian: Images of the American Indian, from Columbus to the Present*. Nova York: Knopf, 1978; Gretchen M. Bataille e Charles Silet (Orgs.), *The Pretend Indians: Images of Native Americans in the Movies*. Ames: Iowa State University Press, 1980; George M. Fredrickson, *The Black Image in the White Mind: The Debate on Afro-American Character and Destiny, 1817--1914*. Hanover, N.H.: Wesleyan University Press, 1987 [1971]; Roberto Fernández Retamar, *Caliban and other Essays*. Minneapolis: University of Minnesota Press, 1989; Peter Hulme, *Colonial Encounters: Europe and the Native Caribbean, 1492-1797*. Londres: Routledge, 1992 [1986]).
14. Friedrich Engels, *The Origin of the Family, Private Property and the State*. Nova York: International, 1972, p. 120 [1884]. [Ed. bras.: *A origem da família, da propriedade privada e do Estado*. São Paulo: Boitempo, 2019.]
15. Jean-Paul Sartre, "Prefácio" a Frantz Fanon, *The Wretched of the Earth*. Nova York: Grove Weidenfeld, 1991 [1961]. [Ed. bras.: *Os condenados da terra*. Rio de Janeiro: Zahar, 2022.]
16. Victor G. Kiernan, *The Lords of Human Kind: Black Man, Yellow Man, and White Man in an Age of Empire*. Nova York: Columbia University Press, 1986 [1969]; Anthony Pagden, *Lords of All the World: Ideologies of Empire in Spain, Britain, and France, c. 1500-c. 1800*. New Haven: Yale University Press, 1995.

17. Pagden, *Lords*, pp. 1-2.
18. Robert A. Williams Jr., "The Algebra of Federal Indian Law: The Hard Trail of Decolonizing and Americanizing the White Man's Indian Jurisprudence". *Wisconsin Law Review*, p. 229, 1986. Dele, ver também: *The American Indian in Western Legal Thought: The Discourses of Conquest*. Oxford: Oxford University Press, 1990.
19. Ibid., pp. 230-1, 233. Ver também: Lewis Hanke, *Aristotle and the American Indians: A Study in Race Prejudice in the Modern World*. Bloomington: Indiana University Press, 1959, p. 19.
20. Williams, "Algebra"; Hanke, *Aristotle*.
21. Allen Carey-Webb, "Other-Fashioning: The Discourse of Empire and Nation in Lope de Vega's El Nuevo Mundo descubierto por Cristobal Colon". In: René Jara e Nicholas Spadaccini (Orgs.). *Amerindian Images and the Legacy of Columbus*. Minneapolis: University of Minnesota Press, 1992, pp. 433-4. Hispanic Issues 9.
22. Philip D. Curtin (Org.), "Introduction". *Imperialism*. Nova York: Walker, 1971, p. xiii.
23. Pierre L. van den Berghe, *Race and Racism: A Comparative Perspective*. 2. ed. Nova York: Wiley, 1978.
24. Pagden, *Lords*, cap. 1.
25. Williams, "Algebra", p. 253.
26. Juiz da Suprema Corte Joseph Story, apud Williams, "Algebra", p. 256.
27. Dred Scott versus Sanford, 1857. In: Paula S. Rothenberg (Org.). *Race, Class, and Gender in the United States: An Integrated Study*. 3. ed. Nova York: St. Martin's Press, 1995, p. 323.
28. Trecho de François-Jules Harmand, *Domination et Colonization*. Nova York: Nabu Press, 2012. E. Flammarion [1910], in: Curtin, *Imperialism*, pp. 294-8.
29. Edward W. Said, *Culture and imperialism*. Nova York: Knopf, 1993, pp. xiv, xiii.
30. Harold R. Isaacs, "Color in World Affairs". *Foreign Affairs*, n. 47, pp. 235, 246, 1969. Ver também: Benjamin P. Bowser (Org.), *Racism and Anti-Racism in World Perspective*. Washington D. C.: Sage, 1995.
31. Helen H. Jackson, *A Century of Dishonor: A Sketch of the United States Government's Dealings with Some of the Indian Tribes*. Nova York: Indian Head Books, 1993 [1881]. Em sua exposição clássica, Jackson conclui (pp. 337-8): "Faz pouca diferença [...] onde se abre o registro da história dos índios; cada página e todo ano tem sua mancha escura. A

história de uma tribo é a história de todos, variando apenas por diferenças de tempo e lugar [...]. O governo dos Estados Unidos quebra promessas agora [1880] tão habilmente quanto então [1795], e com uma engenhosidade adicional de longa prática". A própria Jackson, deve-se notar, via os nativos americanos como possuidores de um "direito menor", já que não havia dúvida sobre a "justiça de sustentar que a soberania final pertencia ao descobridor civilizado, contra o bárbaro selvagem". Pensar de outra forma seria meramente "sentimentalismo fraco" (pp. 10-1). Mas ela pelo menos queria que esse direito menor fosse reconhecido.

32. Ver, por exemplo, David E. Stannard, *American Holocaust: The Conquest of the New World*. Oxford: Oxford University Press, 1992.
33. Richard Drinnon, *Facing West: The Metaphysics of Indian-Hating and Empire-Building*. Nova York: Meridian, 1980, p. 332.
34. Ibid., p. 102. Ver também Reginald Horsman, *Race and Manifest Destiny: The Origins of American Racial Anglo-Saxonism*. Cambridge: Harvard University Press, 1981; e Ronald Takaki, *Iron Cages: Race and Culture in 19th Century America*. Nova York: Oxford University Press, 1990 [1979].
35. A. Grenfell Price, *White Settlers and Native Peoples: An Historical Study of Racial Contacts between English-Speaking Whites and Aboriginal Peoples in the United States, Canada, Australia, and New Zealand*. Westport, Conn.: Greenwood Press, 1972 [1950]; ibid., *The Western Invasions of the Pacific and Its Continents*. Oxford: Clarendon Press, 1963; Race van den Berghe e Louis Hartz, *The Founding of New Societies: Studies in the History of the United States, Latin America, South Africa, Canada, and Australia*. Nova York: Harcourt, Brace & World, 1964; Frank S. Stevens (Org.), *Racism: The Australian Experience*, 3 vols. Nova York: Taplinger, 1972; Henry Reynolds, *The Other Side of the Frontier: Aboriginal Resistance to the European Invasion of Australia*. Harmondsworth, Middlesex: Penguin, 1982. Os livros de Price são fontes valiosas na história comparada, mas — embora progressistas para os padrões da época — eles precisam ser tratados com cautela, já que seus números e atitudes agora estão um tanto datados. Em *White Settlers*, por exemplo, a população indígena ao norte do rio Grande é estimada em menos de 850 mil, enquanto as estimativas hoje são de dez a vinte vezes maiores, e Price especula que os indígenas eram

"menos avançados que seus conquistadores brancos" porque tinham cérebros menores (pp. 6-7).
36. Van den Berghe, *Race*, p. 18.
37. Comer Vann Woodward, *The Strange Career of Jim Crow*. 3. ed. Nova York: Oxford University Press, 1974 [1955]; George M. Fredrickson, *White Supremacy: A Comparative Study of American and South African History*. Oxford: Oxford University Press, 1981; Douglas S. Massey e Nancy A. Denton, *American Apartheid: Segregation and the Making Of the Underclass*. Cambridge: Harvard University Press, 1993.
38. Ver, por exemplo, Kiernan, *Lords* e *Imperalism and its Contradictions* (Harvey J. Kaye (Org.). Nova York: Routledge, 1995); David K. Fieldhouse, *Colonial Empires: A Comparative Survey from the Eighteenth Century*. Londres: Macmillan, 1982 [1966]; Pagden, *Lords*; Chinweizu, *The West and the Rest of Us: White Predators, Black Slavers, and the African Elite*. Nova York: Vintage Books, 1975; Henri Brunschwig, *French Colonialism, 1871-1914: Myths and Realities*. Nova York: Praeger, 1966 [1964]; David Healy, *US Expansionism: The Imperialist Urge in the 1890s*. Madison: University of Wisconsin Press, 1970.
39. Said, *Culture*, p. 8.
40. Kiernan, *Lords*, p. 24.
41. Linda Alcoff esboça um atraente, distintamente latino-americano ideal de identidade racial híbrida em sua "Mestizo Identity" (in: Naomi Zack (Org.). *American Mixed Race: The Culture of Microdiversity*, Lanham, Md.: Rowman and Littlefield, 1995, pp. 257-78). Infelizmente, no entanto, esse ideal ainda está por ser realizado. Para uma exposição dos mitos latino-americanos de "democracia racial" e uma *mestiçagem* que transcende a raça e uma explicação da realidade do ideal de *blanqueamiento* (branqueamento) e da contínua subordinação dos negros e das pessoas de pele mais escura em toda a região, ver, por exemplo, Minority Rights Group (Org.), *No Longer Invisible: Afro-Latin Americans Today* (Londres: Minority Rights, 1995); e Bowser, *Racism and Anti-Racism*.
42. Locke, *Second Treatise*, pp. 350-1. Como Locke também usa "propriedade" para significar direitos, essa não é uma visão tão unidimensional do governo quanto parece.
43. Hobbes, *Leviathan*, p. 89.
44. W. E. B. Du Bois, *Black Reconstruction in America, 1860-1880*. Nova York: Atheneum, 1992 [1935].

45. Ver Eric Jones, *The European Miracle: Environments, Economies and Geopolitics in the History of Europe and Asia*. Cambridge: Cambridge University Press, 1981. Minha discussão aqui segue James Morris Blaut e Andre Gunder Frank, *1492: The Debate on Colonialism, Eurocentrism, and History* (Trenton, N.J.: Africa World Press, 1992), e James M. Blaut, *The Colonizer's Model of the World: Geographical Diffusionism and Eurocentric History* (Nova York: Guilford Press, 1993).
46. Blaut e Frank, *1492*; Blaut, *Colonizer's Model*.
47. Sandra Harding, "Introduction". In: Sandra Harding (Org.). *The "Racial" Economy of Science: Toward a Democratic Future*. Bloomington: Indiana University Press, 1993, p. 2.
48. Eric Williams, *Capitalism and Slavery*. Nova York: Capricorn Books, 1966 [1944]. [Ed. bras.: *Capitalismo e escravidão*. São Paulo: Companhia das Letras, 2012.]
49. Walter Rodney, *How Europe Underdeveloped Africa*. Washington, D.C.: Howard University Press, 1974 [1972] [Ed. port.: *Como a Europa subdesenvolveu a África*. Lisboa: Seara Nova, 1975]; Samir Amin, *Eurocentrism*. Nova York: Monthly Review Press, 1989 [1988] [Ed. port.: *O eurocentrismo: Crítica de uma ideologia*. Trad. de Ana Barradas. Lisboa: Dinossauro, 1999]; Andre Gunder Frank, *World Accumulation*. Nova York: Monthly Review Press, 1978 [Ed. bras.: *A acumulação mundial*. Rio de Janeiro: Zahar, 1977]; Immanuel Wallerstein, *The Modern World-System*. 3 vols. Nova York: Academic Press, 1974-1988 [Ed. port.: *O sistema mundial moderno*. Porto: Afrontamento, 1974].
50. Blaut, *1492*, p. 3.
51. Kiernan, *Imperialism*, pp. 98, 149.
52. Apud Noam Chomsky, *Year 501: The Conquest Continues*. Boston: South End Press, 1993, p. 61. [Ed. bras.: *Ano 501: A conquista continua*. São Paulo: Scritta, 1993.]
53. Mas ver o best-seller de Richard J. Herrnstein e Charles Murray (*The Bell Curve: Intelligence and Class Structure in American Life*. Nova York: Free Press, 1994) como um sinal de que as teorias mais antigas e diretamente racistas podem estar voltando.
54. Ver, por exemplo: Andrew Hacker, *Two Nations: Black and White, Separate, Hostile, Unequal*. Nova York: Scribner's, 1992; Derrick Bell, *Faces at the Bottom of the Well: The Permanence of Racism*. Nova York: Basic Books, 1992; Massey e Denton, *American Apartheid*; Stephen Steinberg, *Turning Back: The Retreat from Racial Justice in American*

Thought and Policy. Boston: Beacon Press, 1995; Donald R. Kinder e Lynn M. Sanders, *Divided by Color: Racial Politics and Democratic Ideals.* Chicago: University of Chicago Press, 1996; Tom Wicker, *Tragic Failure: Racial Integration in America.* Nova York: William Morrow, 1996.
55. Melvin Oliver e Thomas Shapiro, *Black Wealth/White Wealth: A New Perspective on Racial Inequality.* Nova York: Routledge, 1995, pp. 86-7.
56. Richard F. America (Org.), *The Wealth of Races: The Present Value of Benefits from Past Injustices.* Nova York: Greenwood Press, 1990. Para outro tributo irônico, cujo tema é a distribuição internacional da riqueza, ver Malcolm Caldwell, *The Wealth of Some Nations* (Londres: Zed Press, 1977).
57. David H. Swinton, "Racial Inequality and Reparations". In: America, *Wealth of Races,* p. 156.
58. James Marketti, "Estimated Present Value of Income Diverted during Slavery". In: America, *Wealth of Races,* p. 107.
59. Robert S. Browne, "Achieving Parity through Reparations". In: America, *Wealth of Races,* p. 204; Swinton, "Racial Inequality", p. 156.

2. Detalhes [pp. 79-136]

1. Adiante irei discutir os problemas taxonômicos colocados pelos europeus "limítrofes"/"semi"europeus.
2. Ver, por exemplo, Jan Nederveen Pieterse, *White on Black: Images of Africa and Blacks in Western Popular Culture.* New Haven: Yale University Press, 1992 [1990], pp. 30-1; Ronald Sanders, *Lost Tribes and Promised Lands: The Origins of American Racism.* Boston: Little, Brown, 1978, p. 202.
3. Edward Dudley e Maximillian E. Novak (Orgs.), *The Wild Man Within: An Image in Western Thought from the Renaissance to Romanticism.* Pittsburgh: University of Pittsburgh Press, 1972.
4. White Hayden, "The Forms of Wildness: Archaeology of an Idea". In: Dudley e Novak, *Wild Man,* p. 5.
5. Roy Harvey Pearce, *Savagism and Civilization: A Study of the Indian and the American Mind.* Ed. rev. Baltimore: Johns Hopkins Press, 1965 [1953] (o título original era *The Savages of America*), p. 3.
6. Mary Louise Pratt, "Humboldt and the Reinvention of America". In: Jara e Spadaccini, *Amerindian Images,* p. 589.

7. Mudimbe, *Invention of Africa*, pp. 15, 13.
8. Martin Bernal, *Black Athena: The Afroasiatic Roots of Classical Civilization*, v. 1: *The Fabrication of Ancient Greece, 1785-1985*. New Brunswick, N. J.: Rutgers University Press, 1987. Essa afirmação tem uma longa história na comunidade negra internacional (africana, afro-americana). Ver, por exemplo, Cheikh Anta Diop, *The African Origin of Civilization: Myth or Reality*. Westport, Conn.: Lawrence Hill, 1974 [1955; 1967].
9. Harding, "Racial" Economy, p. 27.
10. Joseph Conrad, *Heart of Darkness*. In: Paul O'Prey (Org.). Londres: Penguin Books, 1983 [1902], p. 33. [Ed. bras.: *Coração das trevas*. São Paulo: Companhia das Letras, 2008.]
11. Scott B. Cook, *Colonial Encounters in the Age of High Imperialism*. Nova York: HarperCollins World History Series, 1996, p. 104.
12. Mudimbe, *Invention of Africa*, p. 71.
13. Sanders, *Lost Tribes*, pp. 9-12.
14. Drinnon, *Facing West*, pp. 122-3, 105, 66.
15. Para uma análise do filme, ver, por exemplo, Michael Ryan e Douglas Kellner, *Camera Politica: The Politics and Ideology of Contemporary Hollywood Film* (Bloomington: Indiana University Press, 1988).
16. David Theo Goldberg, *Racist Culture: Philosophy and the Politics of Meaning*. Cambridge, Mass.: Blackwell, 1993, p. 185; e, de forma mais geral, cap. 8, "'Polluting the Body Politic': Race and Urban Location", pp. 185-205.
17. Fanon, *The Wretched of the Earth*, pp. 38-40.
18. Franke Wilmer, *The Indigenous Voice in World Politics: Since Time Immemorial*. Newbury Park, Calif.: Sage, 1993.
19. Locke, *Second Treatise*, p. 301.
20. Francis Jennings, *The Invasion of America: Indians, Colonialism, and the Cant of Conquest*. Nova York: Norton, 1976 [1975], parte 1.
21. Ibid, p. 16. Ver também Stannard (*American Holocaust*, caps. 1 e 2) para um relato da revisão exponencial ascendente nos últimos anos das estimativas da população pré-colombiana das Américas e da política anterior de subcontagem. Há meio século, os números-padrão eram de 8 milhões no total para a América do Norte e do Sul, e menos de 1 milhão para a região norte do México; hoje, algumas estimativas colocariam esses números em 145 milhões e 18 milhões, respectivamente (p. 11).

22. Drinnon, *Facing West*, pp. 49, 212, 232.
23. Apud documento oficial de A. Barrie Pittock, "Aboriginal Land Rights". In: Stevens, *Racism*, v. 2, p. 192.
24. Leonard Monteath Thompson, *The Political Mythology of Apartheid*. New Haven: Yale University Press, 1985, p. 75.
25. Drinnon, *Facing West*, p. 213.
26. Russel Ward, "An Australian Legend". *Royal Australian Historical Society Journal and Proceedings*, v. 47, n. 6, p. 344, 1961, apud M. C. Hartwig, "Aborigines and Racism: An Historical Perspective". In: Stevens, *Racism*, v. 2, p. 9.
27. Para uma análise clássica, ver Frantz Fanon, *Black Skin, White Masks*. Nova York: Grove Weidenfeld, 1968 [1952] [Ed. bras.: *Pele negra, máscaras brancas*. São Paulo: Ubu, 2020]; e para uma abordagem recente, Lewis R. Gordon, *Bad Faith and Antiblack Racism*. Atlantic Highlands, N.J.: Humanities Press, 1995, esp. caps. 7, 14 e 15, pp. 29-44, 97-103, 104-16.
28. Gordon, *Bad Faith*, pp. 99, 105.
29. Frankenberg, *White Women*, cap. 3.3
30. Fanon, *Black Skin*; Charles Herbert Stember, *Sexual Racism: The Emotional Barrier to an Integrated Society*. Nova York: Elsevier, 1976; John D'Emilio e Estelle B. Freedman, *Intimate Matters: A History of Sexuality in America*. Nova York: Harper and Row, 1988, cap. 5, "Race and Sexuality", pp. 85-108.
31. Susan Mendus, "Kant: 'An Honest but Narrow-Minded Bourgeois'?". In: Ellen Kennedy e Susan Mendus (Orgs.). *Women in Western Political Philosophy*. Nova York: St. Martin's Press, 1987, pp. 21-43.
32. Aristóteles, *The Politics*. Ed. rev. Harmondsworth, Middlesex: Penguin, 1981 [1962], pp. 63-73. [Ed. bras.: *Política*. Brasília: Editora da UnB, 1985.]
33. White, "Forms of Wildness", p. 17.
34. Jennings, *Invasion of America*, p. 6.
35. Ver a descrição de Cornel West sobre o surgimento, no período moderno, do "olhar normativo" da supremacia branca: "A Genealogy of Modern Racism", cap. 2 de *Prophesy Deliverance!: An Afro-American Revolutionary Christianity* (Philadelphia: Westminster Press, 1982, pp. 47-65).
36. Moses I. Finley, *Ancient Slavery and Modern Ideology*. Nova York: Viking Press, 1980, p. 144.

37. Lucius Outlaw Jr., "Life-Worlds, Modernity, and Philosophical Praxis: Race, Ethnicity, and Critical Social Theory". In: *On Race and Philosophy*. Nova York: Routledge, 1996, p. 165.
38. Apud Drinnon, *Facing West*, p. 75.
39 Said, *Culture and Imperialism*, pp. 52, 59.
40. Orlando Patterson, *Freedom*, v. 1: *Freedom in the Making of Western Culture*. Nova York: Basic Books, 1991.
41. Toni Morrison, *Playing in the Dark: Whiteness and the Literary Imagination*. Cambridge: Harvard University Press, 1992.
42. Apud Pearce, *Savagism*, pp. 7-8.
43. Para uma discussão, ver, por exemplo, Stephen Jay Gould, *The Mismeasure of Man*. Nova York; Londres: Norton, 1981; e William H. Turker, *The Science and Politics of Racial Research*. Urbana: University of Illinois Press, 1994. Tucker afirma categoricamente: "A verdade é que, embora travada com armas científicas, o objetivo dessa polêmica sempre foi político" (p. 5).
44. Harmannus Hoetink, *Caribbean Race Relations: A Study of Two Variants*. Londres: Oxford University Press, 1967 [1962].
45. George L. Mosse, *Toward the Final Solution: A History of European Racism*. Madison: University of Wisconsin Press, 1985 [1978], pp. xii, 11.
46. Winthrop D. Jordan, *White over Black: American Attitudes toward the Negro, 1550-1812*. Nova York: Norton, 1977 [1968].
47. Benjamin Franklin, em 1751: *Observations Concerning the Increase of Mankind*. Apud Jordan, *White over Black*, pp. 270, 143.
48. Ver, por exemplo, Kathy Russell, Midge Wilson e Ronald E. Hall, *The Color Complex: The Politics of Skin Color among African Americans*. Nova York: Harcourt Brace Jovanovich, 1992.
49. Frank M. Snowden Jr., *Blacks in Antiquity: Ethiopians in the Greco-Roman Experience*. Cambridge: Harvard University Press, 1970; e *Before Color Prejudice: The Ancient View of Blacks*. Cambridge: Harvard University Press, 1983.
50. Theodore W. Allen, *The Invention of the White Race*, v. 1: *Racial Oppression and Social Control*. Nova York: Verso, 1994; Ian Haney Lopez, *White by Law: The Legal Construction of Race*. Nova York: Nova York University Press, 1996.
51. Jennings, *Invasion of America*, p. 60.
52. Hugo Grotius, "On Punishment". In: *The Law of War and Peace*, cap. 20, livro 2. Indianapolis: Bobbs-Merrill, 1925, p. 506, apud Williams, "Algebra", p. 250.

53. Para o que vem a seguir, compare James Tully (*Strange Multiplicity: Constitutionalism in an Age of Diversity*. Cambridge: Cambridge University Press, 1995, esp. cap. 3, "The Historical Formation of Modern Constitutionalism: The Empire of Uniformity", pp. 58-98). Agradeço a Anthony Laden por trazer esse livro à minha atenção, sobre o qual só tomei conhecimento quando meu próprio manuscrito estava prestes a ser concluído.
54. Hobbes, *Leviathan*, p. 89.
55. Richard Ashcraft, "Leviathan Triumphant: Thomas Hobbes and the Politics of Wild Men". In: Dudley e Novak, *Wild Man*, pp. 146-7.
56. Hobbes, *Leviathan*, pp. 89-90.
57. Duzentos anos depois, em contraste, a empresa colonial britânica, com a dicotomização ontológica que a acompanha, estava tão bem arraigada que John Stuart Mill não experimentou o menor escrúpulo ao afirmar (em um ensaio agora visto como defesa humanista clássica do individualismo e da liberdade) que o princípio liberal do dano "destina-se a ser aplicado apenas aos seres humanos na maturidade de suas faculdades", não àqueles "estados atrasados da sociedade em que a própria raça pode ser considerada em sua não idade": "O despotismo é um modo legítimo de governo para lidar com os bárbaros, desde que o fim seja seu aperfeiçoamento". John Stuart Mill, *On Liberty and Other Writings*. (Stefan Collini (Org.). Cambridge: Cambridge University Press, 1989, p. 13). [Ed. bras.: *Sobre a liberdade*. São Paulo: Hedra, 2017.]
58. Locke, "Of Property". *Second Treatise*, cap. 5.
59. Robert A. Williams Jr., "Documents of Barbarism: The Contemporary Legacy of European Racism and Colonialism in the Narrative Traditions of Federal Indian Law". *Arizona Law Review*, n. 237, 1989. Também em: Richard Delgado (Org.). *Critical Race Theory: The Cutting Edge*. Philadelphia: Temple University Press, 1995, p. 103.
60. Locke, "On Conquest", in: *Second Treatise*.
61. Ver, por exemplo, Jennifer Welchman, "Locke on Slavery and Inalienable Rights". *Canadian Journal of Philosophy*, n. 25, pp. 67-81, 1995.
62. Rousseau, *Discourse on Inequality*, pp. 83, 87, 90, 136, 140, 145 (selvagens não brancos); p. 140 (selvagens europeus).
63. Ibid., p. 116.
64. Rousseau, *The Social Contract*, livro I, cap. 8.

65. Emmanuel Eze, "The Color of Reason: The Idea of 'Race' in Kant's Anthropology". In: Katherine Faull (Org.). *Anthropology and the German Enlightenment*. Lewisburg, Pa.: Bucknell University Press, 1995, pp. 196-237.
66. Eze cita a opinião de Earl Count, em 1950, de que os estudiosos muitas vezes esquecem que "Immanuel Kant produziu o pensamento raciológico mais profundo do século xviii" (Eze, "Color of Reason", p. 196. In: Earl W. Count (Org.). *This Is Race: An Anthology Selected from the International Literature on the Races of Man*. Nova York: Henry Schuman, 1950, p. 704). Compare o veredicto de 1967, do antropólogo alemão Wilhelm Mühlmann, de que Kant é "o fundador do conceito moderno de raça" (apud Leon Poliakov, "Racism from the Enlightenment to the Age of Imperialism". In: Robert Ross (Org.). *Racism and Colonialism*. The Hague: Leiden University Press, 1982, p. 59).
67. Mosse, *Final Solution*, pp. 30-1.
68. Immanuel Kant, *Observations on the Feeling of the Beautiful and Sublime*. Berkeley: University of California Press, 1960, pp. 111-3. [Ed. bras.: *Observações sobre o sentimento do belo e do sublime e Ensaio sobre as doenças mentais*. São Paulo: Leya, 2018.]
69. Eze, "Color of Reason", pp. 214-5, 209-15, 217.
70. Ver David Lehman, *Signs of the Times: Deconstruction and the Fall of Paul de Man*. Nova York: Poseidon Press, 1991.
71. Janet L. Abu-Lughod, *Before European Hegemony: The World System AD 1250-1350*. Nova York: Oxford University Press, 1989.
72. Fredric Jameson, "Modernism and Imperialism". In: Seamus Deane (Org.). *Nationalism, Colonialism, and Literature*. Minneapolis: University of Minnesota Press, 1990, pp. 50-1.
73. Steinberg, *Turning Back*, p. 152.
74. Massey e Denton, *American Apartheid*, pp. 84, 97-8.
75. Morrison, *Playing*, p. 46.
76. Ver a discussão de abstrações "idealizadoras" em Onora O'Neill, "Justice, Gender, and International Boundaries". In: Martha Nussbaum e Amartya Sen (Orgs.). *The Quality of Life*. Oxford: Clarendon Press, 1993, pp. 303-23.
77. Patricia J. Williams, *The Alchemy of Race and Rights*. Cambridge: Harvard University Press, 1991, pp. 116, 49.

78. Bill E. Lawson, "Moral Discourse and Slavery". In: Howard McGary e Bill E. Lawson. *Between Slavery and Freedom: Philosophy and American Slavery*. Bloomington: Indiana University Press, 1992, pp. 71-89.
79. Anita L. Allen, "Legal Rights for Poor Blacks". In: Bill E. Lawson. *The Underclass Question*. Philadelphia: Temple University Press, 1992, pp. 117-39.
80. Rawls, *Theory of Justice*; Robert Nozick, *Anarchy, State, and Utopia*. Nova York: Basic Books, 1974. [Ed. bras.: *Anarquia, Estado e utopia*. Trad. de Ruy Jungmann. Rio de Janeiro: Zahar, 1991.]
81. Isaacs, "Color", p. 235.
82. Earl Miner, "The Wild Man through the Looking Glass". In: Dudley e Novak, *Wild Man*, pp. 89-90.
83. Winthrop Jordan, *White over Black*, p. 254.
84. Drinnon, *Facing West*, p. xvii. Mas ver Allen (*Invention of the White Race*) para a posição contrastante de que os irlandeses foram de fato construídos como não brancos.
85. Noel Ignatiev, *How the Irish Became White*. Nova York: Routledge, 1995.
86. Ver John Dower, *War without Mercy: Race and Power in the Pacific War*. Nova York: Pantheon Books, 1986.
87. Gary Y. Okihiro, "Is Yellow Black or White?". In: *Margins and Mainstreams: Asians in American History and Culture*. Seattle: University of Washington Press, 1994, pp. 31-63.
88. Sir Robert Filmer em: Johann P. Sommerville (Org.), *"Patriarcha" and Other Writings*. Cambridge: Cambridge University Press, 1991.
89. Novamente, pode-se argumentar que uma formulação melhor é dizer que, na verdade, pelos termos do contrato racial, eles *não* são o mesmo crime, que as condições de identidade mudam com o perpetrador, de modo que realmente não há inconsistência. O julgamento da inconsistência pressupõe o cenário do contrato *social*.
90. De acordo com o Fundo Educacional e de Defesa Legal da NAACP em Nova York, das 380 pessoas executadas desde o restabelecimento da pena capital, apenas cinco eram brancos condenados por matar negros.
91. William Brandon, *The American Heritage Book of Indians*. Nova York: Dell, 1964, p. 327; apud Jan Neverdeen Pieterse, *Empire and Emancipation: Power and Liberation on a World Scale*. Nova York: Praeger, 1989, p. 313.

92. Kiernan, *Lords*, pp. 198, 47.
93. Locke, *Second Treatise*, p. 274.
94. Ralph Ginzburg, *100 Years of Lynchings*. Baltimore: Black Classic Press, 1988 [1962].
95. Charles J. Dashwood apud Price, *White Settlers*, p. 114. Um colono branco, "em vingança por ter sido atingido por uma lança, atirou em 37 nativos" (p. 115).
96. Frederick Douglass, *Narrative of the Life of Frederick Douglass, an American Slave*. Nova York: Viking Penguin, 1982, p. 135. [Ed. bras.: *Narrativa da vida de Frederick Douglass*. São Paulo: Penguin Companhia, 2021.]
97. Carter G. Woodson, *The Mis-Education of the Negro*. Nashville, Tenn.: Winston-Derek, 1990 [1933]. [Ed. bras.: *A des-educação do negro*. São Paulo: Penguin-Companhia, 2021.]
98. James Baldwin, *Nobody Knows my Name: More Notes of a Native Son*. Nova York: Vintage International, 1993 [1961], p. 96.
99. Pieterse, *Empire and Emancipation*, p. 317.
100. Apud *Survival International Review*, v. 4, n. 2, 1979; in: Moody, *Indigenous Voice*, p. 248.
101. Jerry Gambill, "Twenty-one Ways to 'Scalp' an Indian". In: Moody, *Indigenous Voice*, pp. 293-5, apud *Akwesasne Notes*, v. 1, n. 7, 1979, fala de 1968.
102. Frantz Fanon, *Pele negra, máscaras brancas*. São Paulo: Ubu, 2020.
103. *Blackisms*, apud *Mureena, Aboriginal Student News*, v. 2, n. 2, 1972. In: Moody, *Indigenous Voice*, pp. 290-2.
104. Ngũgĩ wa Thiong'o, *Decolonising the Mind: The Politics of Language in African Literature*. Londres: James Currey, 1986, pp. 3, 12.

3. Méritos "naturalizados" [pp. 137-85]

1. Susan Moller Okin, *Women in Western Political Thought*. Princeton: Princeton University Press, 1992 [1979].
2. Para Hume, ver a edição de 1753-54 de seu ensaio "Of National Characters", apud, por exemplo, Jordan, *White over Black*, p. 253; para Georg Wilhelm Friedrich Hegel, ver a introdução a *Philosophy of History*. Nova York: Dover, 1956, pp. 91-9 [Ed. bras.: *Filosofia da história*. Editora da UnB, 1999]. Para uma crítica detalhada de

Locke e Mill em particular e seu "liberalismo colonial", ver Bhikhu Parekh, "Decolonizing Liberalism". In: Alexander Shtromas (Org.). *The End of "Isms"?: Reflections on the Fate of Ideological Politics after Communism's Collapse.* Cambridge, Mass.: Blackwell, 1994, pp. 85-103; e Bhikhu Parekh, "Liberalism and Colonialism: A Critique of Locke and Mill". In: Jan Neverdeen Pieterse e Bhikhu Parekh (Orgs.). *The Decolonization of Imagination: Culture, Knowledge and Power.* Londres: Zed Books, 1995, pp. 81-98.

3. Para ser justo com Mill, ele tem uma famosa correspondência com Thomas Carlyle sobre o tratamento dos negros nas Índias Ocidentais Britânicas na qual sai em defesa de políticas sociais "progressistas" (relativamente, claro). Ver *Thomas Carlyle: The Nigger Question; John Stuart Mill: The Negro Question.* In: Eugene R. August (Org.). Nova York: Appleton-Century-Crofts, Crofts Classics, 1971. Mas a diferença é basicamente entre políticas coloniais menos e mais humanas; o próprio colonialismo como um sistema político-econômico de exploração não está sendo desafiado.

4. Alvin I. Goldman, "Ethics and Cognitive Science". *Ethics*, n. 103, pp. 337-60, 1993. Para ler mais sobre o diálogo entre os dois, ver Larry May, Marilyn Friedman e Andy Clark (Orgs.), *Minds and Morals: Essays on Ethics and Cognitive Science.* Cambridge: MIT Press, 1996.

5. Cf. Frankenberg, *White Women,* que distingue entre o antigo discurso do racismo essencialista, "com sua ênfase na diferença de raça entendida em termos hierárquicos de desigualdade biológica essencial", e o discurso atual de "mesmice" essencial, "daltonismo", uma linguagem "evasiva de cor e poder" que afirma que "somos todos iguais sob a pele", que, ao ignorar as "dimensões estruturais e institucionais do racismo", implica que "materialmente, temos as mesmas chances na sociedade dos Estados Unidos", de modo que "qualquer falha em alcançar realizações é, portanto, culpa das próprias pessoas de cor" (pp. 14, 139).

6. Por exemplo, Donald Kinder e Lynn Sanders concluem em sua análise das atitudes americanas em relação à raça que, em muitas questões de políticas públicas, "o interesse próprio [individual] acaba sendo bem desimportante". O que importa são os interesses do *grupo,* "interesses que são coletivos, e não pessoais", envolvendo percepções de privação como *relativas,* "baseadas menos em condições objetivas e mais em comparação social", ou seja, a noção de "desvantagem

relativa do grupo". E as raças, por fim, são o grupo social mais importante, já que a raça "cria divisões mais notáveis do que qualquer outra na vida americana": "Na medida em que os interesses aparecem proeminentemente na opinião branca sobre raça, é através das ameaças que os negros parecem representar para o bem-estar coletivo dos brancos, e não para seu bem-estar pessoal" (*Divided by Color*, pp. 262-4, 252, 85).

7. Susan V. Opotow (Org.), "Moral Exclusion and Injustice". *Journal of Social Issues*, v. 1, n. 46, 1990, número especial, apud Wilmer, *Indigenous Voice*.

8. Ver, para uma discussão, Cheryl I. Harris, "Whiteness as Property". *Harvard Law Review*, n. 106, pp. 1709-91, 1993; e Welchman, "Locke on Slavery".

9. Considere a "etiqueta racial" do Velho Sul, conforme documentado no livro de John Dollard (*Caste and Class in a Southern Town*. 3. ed. Nova York: Doubleday Anchor, 1957 [1937]) e explorado, digamos, nos romances de William Faulkner; Richard Wright, "The Ethics of Living Jim Crow", 1937. In: Henry Louis Gates Jr. (Org.). *Bearing Witness: Selections from African-American Autobiography in the Twentieth Century*. Nova York: Pantheon Books, 1991, pp. 39-51.

10. Kiernan cita a opinião de muitos brancos sobre a escravidão, de que "os negros têm nervos muito mais adormecidos e são menos suscetíveis à dor do que os europeus" (*Lords*, p. 199).

11. Ralph Ellison, *Invisible Man*. Nova York: Vintage Books, 1972 [1952], pp. 3, 14. [Ed. bras.: *Homem invisível*. Rio de Janeiro: José Olympio, 2013.]

12. Baldwin, *Nobody Knows*, p. 172; *The Fire Next Time*. Nova York: Vintage International, 1993 [1963], pp. 53-4. [Ed. bras.: *Da próxima vez o fogo*. Rio de Janeiro: Civilização Brasileira, 1967.]

13. Drinnon, *Facing West*, pp. 138-9.

14. W. E. H. Stanner, *After the Dreaming*. Sydney: Boyer Lectures, 1968, p. 25, apud Hartwig, "Aborigines and Racism". In: Stevens, *Racism* 2, v. 10.

15. Gordon, *Bad Faith*, pp. 8, 75, 87.

16. David Stannard, *American Holocaust*. A resposta-padrão a essa acusação é afirmar que a grande maioria dos nativos americanos foi realmente morta por doenças, e não por guerra ou maus-tratos gerais. Stannard responde que: nenhuma evidência factual

foi apresentada para apoiar essa alegação-padrão, e, mesmo que fosse verdade, a culpabilidade ainda permaneceria, na mesma linha que consideramos os nazistas moralmente responsáveis pelas mortes de judeus por doenças, desnutrição e excesso de trabalho nos guetos e nos campos. Alguns estudiosos estimam que mais de 2 milhões de judeus realmente morreram por essas causas, em vez de por gás ou tiro. Ver, por exemplo, Raul Hilberg, *The Destruction of the European Jews* (3 v. Ed. rev. e definitiva. Nova York: Holmes and Meier, 1985); e Arno J. Mayer, *Why did the Heavens not Darken? The "Final Solution" in History*, com novo prólogo (Nova York: Pantheon, 1990 [1988]). No entanto, é claro que — como deveríamos — atribuímos a culpa por essas mortes à política nazista, como, em última análise, causalmente responsável. Para posições opostas nesse debate muitas vezes raivoso, ver David E. Stannard ("Uniqueness as Denial: The Politics of Genocide Scholarship"), em que esses pontos são apresentados e essas fontes, citadas, e Steven T. Katz ("The Uniqueness of the Holocaust: The Historical Dimension"), ambos em: Alan S. Rosenbaum (Org.). *Is the Holocaust Unique? Perspectives on Comparative Genocide*. Boulder, Colo.: Westview Press, 1996, pp. 163-208 e 19-38. Ver também Tzvetan Todorov, *The Conquest of America: The Question of the Other*. Nova York: Harper and Row, 1984 [1982], esp. cap. 3, "Love", pp. 127-82.

17. Drinnon, *Facing West*, p. 199.
18. Ver Stannard, *American Holocaust*, pp. 317-8.
19. Edmund Dene Morel, *The Black Man's Burden: The White Man in Africa from the Fifteenth Century to World War I*. Nova York: Monthly Review Press, 1969 [1920]. A mesma estimativa é dada por Jan Vansina, professor emérito de história e antropologia da University of Wisconsin.
20. Stannard, *American Holocaust*, p. 121. Jonathan Swift, em *As Viagens de Gulliver* (1726), faz seu protagonista produzir sapatos e uma canoa com a pele dos subumanos/humanos yahoos da parte 4 (eles mesmos baseados nos "hotentotes", o povo khoi-khoi da África do Sul). A vela da canoa era "igualmente composta pelas peles do mesmo animal; mas eu usei o mais novo que consegui, sendo o mais velho muito duro e grosso" (*Gulliver's Travels*. Nova York: Oxford University Press, 1977, p. 284 [Ed. bras.: *As Viagens de Gulliver*. São Paulo: Principis, 2020]).
21. Clive Turnbull, "Tasmania: The Ultimate Solution". In: Stevens, *Racism*, 2, pp. 228-34.

Notas

22. Dower, *War without Mercy*, cap. 3, "War Hates and War Crimes", pp. 33-73.
23. C. L. R. James, *The Black Jacobins: Toussaint L'Ouverture and the San Domingo Revolution*, 2. ed. Nova York: Vintage Books, 1963 [1938], pp. 12-3. [Ed. bras.: *Os jacobinos negros: Toussaint L'Ouverture e a revolução de São Domingos*. Trad. de Afonso Texeira Filho. São Paulo: Boitempo, 2000.]
24. Ida B. Wells-Barnett, *On Lynchings*. Nova York: Arno Press, 1969; Ginzburg, *100 Years*.
25. Daniel R. Headrick, *The Tools of Empire: Technology and European Imperialism in the Nineteenth Century*. Nova York: Oxford University Press, 1981, pp. 102-3. A bala recebeu esse nome porque foi elaborada em uma fábrica britânica em Dum-Dum, nos arredores de Calcutá.
26. Sven Lindqvist, *Exterminate All the Brutes*. Nova York: New Press, 1996 [1992], pp. 36-69 [Ed. port.: *Exterminem todos dos brutos*. Lisboa: Caminho, 2022]; ver também Ellis, *Machine Gun*, cap. 4, "Making the Map Red", pp. 79-109. Lindqvist ressalta (p. 46) que mais de 16 mil sudaneses foram feridos na "batalha", e poucos ou nenhum deles sobreviveu, sendo sumariamente executados em seguida.
27. Dower, *War without Mercy*, pp. 37-8.
28. Hilberg, *Destruction of the European Jews*; Ian Hancock, "Responses to the Porrajmos: The Romani Holocaust". In: Rosenbaum, *Holocaust*, pp. 39-64; Christopher Simpson, *Blowback: America's Recruitment of Nazis and its Effects on the Cold War*. Nova York: Weidenfeld & Nicolson, 1988, cap. 2, "Slaughter on the Eastern Front", pp. 12-26.
29. Apud Michael Bilton e Kevin Sim, *Four Hours in My Lai*. Nova York: Penguin, 1992, p. 336. Um popular grafite de Saigon da época era "Mate um *gook* [termo derrogatório para vietnamita], por Calley", e telegramas para a Casa Branca a seu favor eram na proporção de cem para um. Também havia uma canção de sucesso em sua homenagem: "O hino de batalha do tenente Calley" (*Four Hours*, pp. 338-40). Para a Argélia, ver Fanon, *The Wretched of the Earth*; e Rita Rudges Maran, *Torture During the French-Algerian War*. Nova York: Praeger, 1989. A conclusão de Maran é que o uso generalizado da tortura pelas tropas francesas (em violação à lei francesa) foi possibilitado pela *missão civilizadora*, uma vez que, afinal, a civilização ocidental estava em jogo. No Vietnã, em contraste, as tropas americanas que cometeram atrocidades simplesmente apelaram para o princípio moral

bem estabelecido da R. M. G.: a "regra do mero *gook*" (Ver Drinnon, *Facing West*, pp. 454-9).
30. Mayer, *Why Did the Heavens?*, pp. 15-6. Mayer está relatando, mas sem endossar, essa visão, já que sua própria explicação procura localizar o "Judeocídio" no contexto do anticomunismo de Hitler e da extrema violência na Europa durante e após a Primeira Guerra. Sua explicação é puramente internalista, saltando três séculos da Guerra dos Trinta Anos (1618-48) para o rescaldo da Primeira Guerra, sem prestar atenção à violência racial infligida pela Europa à não Europa nesse ínterim. Mas, em nosso próprio século, pouco antes da Primeira Guerra Mundial, havia os exemplos do holocausto perpetrado pela Bélgica no Congo e o genocídio dos hereros pelos próprios alemães após a revolta de 1904.
31. Simpson, *Blowback*, p. 5.
32. Aimé Césaire, *Discourse on Colonialism*. Nova York: Monthly Review Press, 1972 [1955]. [Ed. bras.: *Discurso sobre o colonialismo*. São Paulo: Veneta, 2020.]
33. Kiernan, *Imperialism*, p. 101.
34. Robert Harris, *Fatherland*. Nova York: Harper Paperbacks, 1993 [1992]. [Ed. bras.: *Pátria amada*. Rio de Janeiro: Record, 1993.]
35. Bartolomé de Las Casas, *The Devastation of the Indies: A Brief Account*. Nova York: Seabury Press, 1974. [Ed. Bras.: *O paraíso destruído: Brevíssima relação da destruição das Índias*. Porto Alegre: L&PM, 2021.]
36. Stannard, *American Holocaust*; Brun Höfer, Heinz Dieterich e Klaus Meyer (Orgs.), *Das Fünfhundert-jährige Reich*. Médico International, 1990; Lindqvist, "Exterminate All the Brutes", pp. 160, 172.
37. Norman G. Finkelstein, *Image and reality of the Israel-Palestine conflict*. Londres: Verso, 1995, p. 93.
38. Adolf Hitler, discurso de 1932. In: Max Domarus (Org.). *Hitler: Speeches and Proclamations, 1932-1945*, v. 1: *The Years 1932 to 1934*. Wauconda, Ill.: Bolchazy-Carducci, 1990 [1962], p. 96. Devo essa referência a Finkelstein, *Image and Reality*, pp. 93-4. Finkelstein ressalta que muitos dos biógrafos de Hitler enfatizam a frequência com que ele invocou como um modelo louvável a ser emulado o bem-sucedido extermínio norte-americano dos "selvagens vermelhos".
39. Locke, *Second Treatise*, pp. 346-9.
40. David Hume, "Of the Original Contract", 1748, publicado em antologias como, por exemplo, Barker, *Social Contract*, pp. 147-66.

41. Agora existe uma revista americana com o título *Race Traitor: A Journal of the New Abolitionism* [Traidor da Raça: Uma Revista do Novo Abolicionismo]. Para uma coleção de artigos da revista, consulte Noel Ignatiev e John Garvey, *Race Traitor*. Nova York: Routledge, 1996.
42. Maran, *Torture*, p. 125, n. 30.
43. O slogan da *Race Traitor*.
44. Apud Drinnon, *Facing West*, p. 163, do romancista americano do século XIX Robert Montgomery Bird.
45. Chomsky, *Year 501*, p. 31.
46. Roger Moody, "Introdução" (da primeira edição). *Indigenous Voice*, p. xxix.
47. Bilton e Sim, *Four Hours*, pp. 135-41, 176-7, 204-5.
48. W. E. B. Du Bois, *The Souls of Black Folk*. Nova York: New American Library, 1982 [1903]. [Ed. bras.: *As almas do povo negro*. São Paulo: Veneta, 2021.]
49. Touro Sentado, apud Moody, *Indigenous Voice*, p. 355; Churchill, *Fantasies*; David Walker, *Appeal to the Coloured Citizens of the World*. Baltimore, Md.: Black Classic Press, 1993, pp. 33, 48; Du Bois, *Souls*, pp. 122, 225; Du Bois, "The Souls of White Folk". In: David L. Lewis. *Du Bois, W. E. B.: A Reader*. Nova York: Henry Holt, 1995, p. 456; Richard Wright, "The Ethics of Living Jim Crow"; Marcus Garvey in: Amy Jacques-Garvey (Org.). *The Philosophy and Opinions of Marcus Garvey*. v. 1 e 2. Nova York: Atheneum 1923-25 [1992]; Jawaharlal Nehru, *The Discovery of India*. Nova York: Anchor Books, 1959 [1946], apud Chomsky, *Year 501*, p. 20; Martin Luther King Jr., *Why We Can't Wait*. Nova York: Mentor, 1964 [1963], p. 82; Malcolm X, discurso em 8 abr. 1964 sobre "Revolução Negra". In: Fred Lee Hord (Mzee Lasana Okpara) e Jonathan Scott Lee (Orgs.). *I Am Because We Are: Readings in Black Philosophy*. Amherst: University of Massachusetts Press, 1995, pp. 277-8; Fanon, *Wretched*, pp. 40-2; Césaire, *Discourse*, pp. 20-1; "Statement of Protest". In: Moody, *Indigenous Voice*, p. 360.
50. "Knox foi uma figura influente no desenvolvimento da 'ciência racial' britânica — talvez a mais influente em meados do século —, que Darwin cita com respeito, se não com aprovação absoluta" (Patrick Brantlinger, "'Dying Races': Rationalizing Genocide in the Nineteenth Century". In: Pieterse e Parekh, *The Decolonization of Imagination*, p. 47.

51. Lindqvist, "Exterminate", partes 2 e 4; e Brantlinger, "Dying Races".
52. Apud Cook, *Colonial Encounters*, p. 1.
53. Kiernan, *Imperialism*, p. 146. Ver também Okihiro, cap. 5, "Perils of the Body and Mind". In: *Margins and Mainstreams*, pp. 118-47.
54. Kiernan, *Lords*, pp. 171, 237.
55. Madison Grant, *The Passing of the Great Race, or, The Racial Basis of European History*. Nova York: Scribner's, 1916; Lothrop Stoddard, *The Rising Tide of Color Against White World Supremacy*. Nova York: Scribner, 1920. Para a discussão sobre isso, ver Thomas F. Gossett, *Race: The History of an Idea in America* (Nova York: Schocken, 1965 [1963], cap. 15). Gossett ressalta que o livro de Stoddard aparece em *O grande Gatsby*, de F. Scott Fitzgerald, disfarçado como *The Rise of the Colored Empires*.
56. Kiernan, *Lords*, p. 27.
57. Apud Dower, *War without Mercy*, p. 160.
58. Kiernan, *Lords*, pp. 319-20.
59. Ibid., p. 69.
60. Drinnon, *Facing West*, pp. 313-4.
61. Dower, *War without Mercy*, pp. 173-8.
62. Okihiro, "Perils", pp. 133, 129.
63. W. E. B. Du Bois, "To the Nations of the World" e "The Negro Problems" (1915), ambos in Lewis, *Du Bois*, pp. 639, 48.
64. Richard Wright, *The Color Curtain: A Report on the Bandung Conference*. Jackson: University Press of Mississippi, 1994 [1956].
65. Ver Moody, *Indigenous Voice*, pp. 498-505.
66. Leon Poliakov, *The Aryan Myth: A History of Racist and Nationalist Ideas in Europe*. Nova York: Basic Books, 1974 [1971], p. 5.
67. Douglass, *Narrative*, p. 107.
68. Baldwin, *Nobody Knows*, pp. 67-8.
69. Ver Eric R. Wolf, *Europe and the People without History*. Berkeley: University of California Press, 1982.
70. Young, *White Mythologies*.
71. Ver, por exemplo, *A Vindication of the African Race* (1857), de Edward Blyden.
72. Ver Russell et al., *The Color Complex*.
73. Para a longa história da evasão sistemática da raça pelos teóricos mais famosos da cultura política americana, ver Rogers M. Smith, "Beyond Tocqueville, Myrdal, and Hartz: The Multiple Traditions

in America". *American Political Science Review*, n. 87, pp. 549-66, 1993. Smith ressalta (pp. 557-8) que "o efeito cumulativo dessas falhas persistentes em estabelecer o padrão completo de exclusão cívica tem sido tornar muito fácil para os estudiosos concluírem que a inclusão igualitária é a norma", enquanto "as exceções obviamente têm grande pretensão de se classificarem como normas rivais".

74. Ou pelo menos minha versão preferida faz isso. Como mencionado anteriormente, versões racistas do "contrato racial" são possíveis; essas tomariam os brancos por seres *intrinsecamente* exploradores que são biologicamente motivados a estabelecer o contrato.

75. Para trabalhos representativos em teoria *jurídica*, a casa original do termo, ver Delgado, *Critical Race Theory*; e Kimberlé Crenshaw et al. (Orgs.), *Critical Race Theory: The Key Writings That Formed the Movement*. Nova York: New Press, 1995. No entanto, agora o termo está começando a ser usado de forma mais ampla.

76. Apud Dower, *War without Mercy*, p. 161.

77. Artigo do *Boston Globe*, do historiador japonês Herbert Bix, 19 abr. 1992, apud Chomsky, *Year 501*, p. 239. Ver também James Yin, Shi Young e Ron Dorfman, *The Rape of Nanking: An Undeniable History in Photographs*. Chicago: Innovative Publishing Group, 1996.

78. Dower, *War without Mercy*, cap. 10, "Global Policy with the Yamato Race as Nucleus", pp. 262-90.

79. Para uma crítica a partir da esquerda, veja, por exemplo, David Harvey, *The Condition of Postmodernity: An Enquiry into the Origins of Cultural Change*. Oxford: Basil Blackwell, 1990. [Ed. bras.: *Condição pós-moderna: Uma pesquisa sobre a origem das mudanças culturais*. São Paulo: Loyola, 1992.]

80. Jurgen Habermas, *The Philosophical Discourse of Modernity: Twelve Lectures*. Cambridge: MIT Press, 1987. [Ed. bras.: *O discurso filosófico da modernidade: Doze lições*. São Paulo: Martins Fontes, 2000.] Para críticas, ver, por exemplo, Dussel, *Invention of the Americas*; e Outlaw, "Life-Worlds, Modernity, and Philosophical Praxis".

81. O'Neill, "Justice".

82. Richard R. Wright Jr. (não o romancista), "What Does the Negro Want in Our Democracy?". In: Herbert Aptheker (Org.). *A Documentary History of the Negro People in the United States*, v. 3: *1910-1932: From the Emergence of the N.A.A.C.P. to the Beginning of the New Deal*. Secaucus, N.J.: Citadel Press, 1973, pp. 285-93.

83. Henry Louis Gates Jr., *The Signifying Monkey: A Theory of African American Literary Criticism*. Nova York: Oxford University Press, 1988, pp. xxi, xxiii, 47, 49.
84. Henry Louis Gates Jr., "Writing 'Race' and the Difference It Makes". In: Gates (Org.). *"Race", Writing, and Difference*. Chicago: University of Chicago Press, 1986, pp. 1-20.
85. Anthony H. Richmond, *Global Apartheid: Refugees, Racism, and the New World Order*. Toronto: Oxford University Press, 1994.

Índice remissivo

aborígenes australianos: declaração de protesto de, 162; em escolas brancas, 135; honorários, 157; inexistência dos, 90, 144; matança de, 64-5, 128, 133, 146, 211n; status epistêmico de, 101; status estético de, 103; status moral de, 124
Abu-Lughod, Janet L., 116
Adams, John, 98
África do Sul, 64, 87, 89, 131, 146
África *ver* Continente Negro
africanos *ver* escravização; negros
Agostinho, 94
Alcoff, Linda, 199n, 202n
Allen, Anita, 121
Allen, Theodore W., 207n, 210n
America, Richard F., 204n
Amin, Samir, 71
apartheid, 64, 87, 131, 158
Aristóteles, 93, 99, 140
Ashcraft, Richard, 208n

Baldwin, James, 134, 144, 169
bárbaros: Grotius sobre, 106; precedente romano e, 58; princípio do dano de Mill e, 140; status de, comparado aos selvagens, 46, 97, 124; *ver também* subpessoas
Barker, Ernest, 194n, 196n
Bataille, Gretchen M., 199n
Beauvoir, Simone de, 157
Beccaria, Cesare, 147
Bell, Derrick, 203n
Belloc, Hilaire, 198n
Berkhofer Jr., Robert, 199n
Bernal, Martin, 83
Bilton, Michael, 215n, 217n

Bird, Robert Montgomery, 217n
Bix, Herbert, 219n
Blaut, James M., 70, 203n
Blyden, Edward, 218n
bomba atômica, uso de, 148
Bowser, Benjamin P., 200n, 202n
brancos: definições mutáveis de brancura e, 122; diferenciação de classe e gênero entre, 197n; como governantes *ver* supremacia branca; Hobbes sobre, 108-9; como inventados pelo contrato racial, 43, 46, 105; Kant sobre, 114; Locke sobre, 109; como as pessoas que realmente são pessoas, 35, 64, 89; privilégio de, 73-8, 69, 116-7; relação de oposição com não brancos e, 50-1, 54-5, 58, 95-100; *ver também* pessoas; transformação de humanos
Brandon, William, 210n
Brantlinger, Patrick, 217n, 218n
Brown, John, 158
Browne, Robert S., 204n
Brunschwig, Henri, 202n
Buck, Pearl, 165
Burke, Edmund, 174

Cabixi, Daniel, 135
Caldwell, Malcolm, 204n
Calley, William, 148, 215n
Carey-Webb, Alle, 200n
Carlyle, Thomas, 212n
Césaire, Aimé, 151, 162
Chaudhuri, Nupurn, 198n
China, e chineses, 124-5, 131, 164, 180
Chinweizu, 202n

221

Chomsky, Noam, 153, 157, 203n, 219n
Churchill, Ward, 161, 199n
Clark, Andy, 212n
cognição: brancos como verdadeiros conhecedores e, 82-5; conceitos e, 39-40; disfunção cognitiva branca e, 52-3, 141-5 (ver também epistemologia: da ignorância, prescrita pelo contrato racial); estrutura social e, 175-6; ética e, 141-3 (ver também ética Herrenvolk)
colonialismo europeu, 46, 54, 56, 65-6, 116; ascensão da Europa e, 70, 72; contrato colonial e, 60-1, 129; educação e, 135; guerras de, contra não brancos, 131-2, 145-8; Holocausto judaico e, 151-4; silêncio da maioria dos especialistas europeus em ética e, 140
Conferência de Bandung, 167
Conferência de Berlim, 67
Conferência de Valladolid, 66
Congo belga, 146, 152, 214n, 216n
Conrad, Joseph, 84, 86, 153
consentimento: em contrato ideal, 35, 155, 196n; no contrato racial, 43, 47, 155, 196n
Continente Negro, 84-5
Contrato de Associação, doutrina do, 60
contrato racial (real): como contrato colonial, 60-1, 98, 129-30; como contrato escravo, 59-60, 129-30; como contrato de expropriação, 58, 98, 129, 201n; cores diferentes do, 179-81; declaração de, 43; exploração como motivação para, 44; repúdio ao, 155-8; versões construtivista e essencialista do, 105, 122, 177-9, 219n
contrato racial, teoria do: como abstração mundana, 181-3; motivação para, 36-40; pós-modernismo e, 181; relação da, com a teoria política negra de oposição, 184-5

contrato sexual, 38, 53, 103, 196n
contrato social: econômico, 68-9; epistemológico, 41, 51-2; hipotético, normativo e ideal, 38, 42, 120, 126-7, 171-4, 181, 183; moral, 41-2, 47-50; naturalizado, descritivo e não ideal, 38-40; político, 41-2; relação com o contrato racial, 105-16; tempos áureos do, 37, 105; como teoria, 35-40; uso atualizado de, para explicar o Estado, 195n, 196n
Cook, Scott B., 205n, 218n
Coppola, Francis Ford, 86
corpo branco, 102
corpo não branco: apropriação de, 146, 214n; estética, normatização de, 103-4; microespaço de, 90-2; política corporal e, 170-1
Count, Earl, 209n
Crenshaw, Kimberlé, 219n
cristianismo, papel colonial do, 56-7, 85, 94
Curtin, Philip D., 58

D'Emilio, John, 206n
D'Entrèves, A. P., 198n
darwinismo e darwinismo social, 70, 101, 163, 177, 217n
Dashwood, C. J., 211n
Delgado, Richard, 208n, 219n
democracias Herrenvolk, 64
Denton, Nancy A., 202n, 203n, 209n
Dieterich, Heinz, 216n
Diop, Cheikh Anta, 205n
Dollard, John, 213n
Dorfman, Ron, 219n
Douglass, Frederick, 134, 169
Doutrina da Descoberta, 58
Dower, John W., 210n, 215n, 218n, 219n
Dred Scott vs. Sanford, caso, 59
Drinnon, Richard, 63, 89-90, 125, 144, 205n, 207n, 214n, 216n, 217n, 218n
Du Bois, W. E. B., 69, 159, 161, 167, 185
Dudley, Edward, 204n
Dussel, Enrique, 199n, 219n

Índice remissivo

Ellis, John, 198n, 215n
Ellison, Ralph, 143
Engels, Frederick, 54, 140
epistemologia: comunidades epistemológicas e, 199n; da ignorância, prescrita pelo contrato racial, 52-3, 139, 143-5; normatização do espaço e, 82-5; normatização do indivíduo e, 99-102; política, 174-6; resistência cognitiva e, 170, 183, 185; teoria do ponto de vista e, 158-60
esbranquiçado ver Europa: europeus limítrofes e
escravização: adaptação de escravos e, 129; contrato, 59-60, 110, 129-30, 183; contribuição da, africana para a Revolução Industrial, 71; educação de escravos e, 134; Locke sobre, 110; melhoria moral dos africanos através da, 140; Montesquieu sobre, 144; como natural, 93; número de mortes de africanos, 129, 146; punições da, 147; relação com a liberdade, 99 eslavos, 123, 148
espaço, no contrato ideal, 79-80; ver também estado de natureza
espaço, no contrato racial, 79-82; nível macro de normatização do, 82-6, 88-9, 118; nível micro de normatização do, 91-2, 133; normatização epistemológica do, 82-5; normatização local do, 86-8, 89-90; normatização moral do, 84-92; ver também estado de natureza; selvagens
Espanha, espanhóis, 57, 65-6, 72, 82, 145
estado de natureza: apropriação e, 68; no contrato ideal, 35, 42, 44, 80, 85; no contrato racial, 45, 81, 85, 132; como encarnado em corpos (selvagens) de subpessoas, 81, 86, 91-2, 128, 133; hobbesiano, 106-9;

lockeano, 109; rousseauniano, 111-2
Estados colonizadores brancos, 44, 46, 63, 65
Estados Unidos: americanidade como brancura e, 99, 103; discriminação nos, 74-7, 87-8, 92, 119; como Estado colonizador branco, 63, 65-6, 85, 88-9, 144, 201n; imigração para, 123, 126; violência contra não brancos e, 130, 132, 146-7, 166; ver também escravização; nativos americanos
Estupro de Nanquim, 180
ética Herrenvolk, 50-1, 58, 62, 142, 157, 159-60
Europa: atrocidades contra não brancos e, 145-9 (ver também Holocausto); colonialismo e (ver colonialismo europeu); europeus limítrofes e, 123-5, 152; milagre europeu e, 69, 71, 118
explicação naturalizada, 37-40, 137-8, 171-6
Eze, Emmanuel, 112, 114

Fanon, Frantz, 87, 162, 199n, 206n, 211n, 215n
Fieldhouse, David K., 202n
Filmer, Robert, 126
filosofia, branquitude da, 33-4, 36, 138-9, 172, 174, 176, 194n
Finkelstein, Norman G., 216n
Finley, Moses I., 95
Frank, André Gunder, 71
Frankenberg, Ruth, 92, 198n, 212n
Franklin, Benjamin, 103
Fredrickson, George M., 199n, 202n
Freedman, Estelle B., 206n
Friedman, Marilyn, 212n

Gambill, Jerry, 135
Garvey, John, 217n
Garvey, Marcus, 162
Gates Jr., Henry Louis, 220n

genocídio: de Ruanda, 181; *ver também* Holocausto
Gibson, William, 52-3
Gierke, Otto, 196n
Ginzburg, Ralph, 215n, 211n
Gobineau, Joseph-Arthur, 168
Goldberg, David Theo, 86-7
Goldman, Alvin I., 141
Gordon, Lewis R., 91, 144
Gossett, Thomas F., 218n
Gould, Stephen Jay, 207n
Grande Cadeia do Ser, 50
Grant, Madison, 218n
Grotius, Hugo, 106, 140
Guerra da Argélia, 148, 215n
Guerra do Pacífico, 179

Habermas, Jürgen, 113, 181
Hacker, Andrew, 126, 203n
Hall, Ronald, 207n
Hampton, Jean, 195n, 196n
Hancock, Ian, 215n
Hanke, Lewis, 200n
Harding, Sandra, 71, 205n
Harmand, Jules, 60-1
Harris, Cheryl I., 213n
Harris, Robert, 153
Hartwig, M. C., 206n, 213n
Hartz, Louis, 201n
Harvey, David, 219n
Headrick, Daniel R., 215n
Healy, David, 202n
Hegel, G. W. F., e hegelianismo, 98, 127, 140
Heidegger, Martin, 115
hereros, 131, 216n
Herrenvolk ver democracias *Herrenvolk*; ética *Herrenvolk*
Herrnstein, Richard J., 203n
Hilberg, Raul, 214n, 215n
Hitler, Adolf, 154, 216n
Hobbes, Thomas, 37, 45; cognição e, 174; estado de natureza inseguro em, 68; estado de natureza racializado em, 85, 106-9; lei natural e, 51;
moralidade convencionalista, 47, 49, 198n
Hoetink, Harmannus, 102
Höfer, Bruni, 216n
Holocausto: africano *ver* escravização: número de mortes de africanos; americano *ver* nativos americanos: genocídio dos; debate sobre a singularidade do Holocausto judeu, 150-4, 214n, 216n; judeu, 148-9, 168
homem selvagem, 81, 94
Horsman, Reginald, 201n
Hulme, Peter, 199n
Hume, David, 100, 140, 155

Ignatiev, Noel, 210n, 217n
Iluminismo, 57, 102, 105, 173, 181
imperialismo *ver* colonialismo, europeu
Inocêncio IV, papa, 56
insurreição jamaicana de Morant Bay, 131
irlandeses, 123-5, 210n
Isaacs, Harold R., 200n, 210n

Jackson, Helen, 200n
James, C. L. R., 215n
Jameson, Fredric, 117
Japão e japoneses, 67, 73; como ameaça à supremacia branca global, 165, 167, 179-80; como brancos honorários, 125; contrato racial Amarelo e, 179-80; crimes de guerra contra, 147-8; crimes de guerra do, 179-80; planos de vitória do pós-guerra de, 180; vitória sobre a Rússia, 164, 166
Jefferson, Thomas, 63, 103
Jennings, Francis, 89, 95, 106
Jones, Eric, 203n
Jordan, Winthrop D., 103, 124
judeus: como europeus limítrofes, 123-5, 152; genocídio de, 148 (*ver*

Índice remissivo 225

também Holocausto: debate sobre a singularidade do holocausto judeu)

Kant, Immanuel, 37; kantianismo Herrenvolk, 143; livros não escritos de, 140; moralidade objetivista e igualitária em, 47-50; mulheres e, 93; como pai do conceito moderno de raça, 112-5, 209n; ver também pessoas
Katz, Steven T., 214n
Kellner, Douglas, 205n
Kiernan, Victor G., 72, 132, 152, 164, 199n, 202n, 203n, 213n, 218n
Kinder, Donald R., 204n, 212n
King Jr., Martin Luther, 162
Kipling, Rudyard, 98
Knox, Robert, 163
Kymlicka, Will, 194n, 198n

Las Casas, Bartolomé de, 57, 153, 157
Lawson, Bill E., 121
Lehman, David, 209n
lei natural, 48-51, 85
Lessnoff, Michael, 194n, 197n
linchamento, 92, 133, 147
Lindqvist, Sven, 215n, 218n
Locke, John, 37; cognição e, 174; consentimento tácito e, 116, 155; consentimento voluntário em, 126; contratos de expropriação e escravidão e, 110; lei natural e, 51, 132-3; livros não escritos de, 140; lockeanismo Herrenvolk, 142; moralidade objetivista e igualitária em, 47-50; propriedade privada e, 68
Lopez, Ian F. Haney, 207n
Lovejoy, Arthur O., 198n

Macleod, Don, 157
Malcolm X, 162
Man, Paul de, 115
Maran, Rita, 215n, 217n

Marketti, James, 204n
Marx, Karl e marxismo, 70, 127, 140, 172, 174, 184
Massey, Douglas S., 202n, 203n, 209n
May, Larry, 212n
Mayer, Arno, 150-1, 214n, 216n
Mendus, Susan, 206n
mestiçagem, na América Latina, 66, 202n
Meyer, Klaus, 216n
Mill, John Stuart, 101, 140, 212n, 208n
Miner, Earl, 210n
Minority Rights Group, 202n
Montesquieu, 144
Moody, Roger, 195n, 217n, 218n
Morel, Edmund D., 214n
Morrison, Toni, 99, 120
Mosse, George L., 102, 113
Mudimbe, Valentin Y., 82, 84, 199n, 209n
mulheres, subordinação das, 54, 104-5, 140-1, 197n
Murray, Charles, 203n
My Lai, 86, 148, 157, 215n

NAACP (Associação Nacional para o Progresso das Pessoas de Cor), 210n
não brancos ver subpessoas
nativos americanos: educação dos, 134-5; genocídio dos, 63, 128, 145-6, 213n, 216n; Hitler sobre, 216n; Hobbes sobre, 107-8; inexistência dos, 88-9, 144; Jefferson sobre, 63; Kant sobre, 114; Locke sobre, 109; números de, 201n, 205n; status epistêmico dos, 100; status moral dos, 55-8, 63, 66, 85, 98, 114, 200n
negros: assassinato de, 146, 214n, 215n; condicionamento ideológico de, 134; corpos de, 91-2; como ignorantes, 82-5; como invisíveis, 143; Kant sobre, 114; Locke e, 110; luta pelo respeito de, 169-70; status estético de, 103-4; status moral

de, 55, 59-61, 63, 67, 97; teoria de
 oposição de, 183, 185
Nehru, Jawaharlal, 162
Novak, Maximillian E., 204n
Nozick, Robert, 121
O'Neill, Onora, 182, 209n
Okihiro, Gary Y., 167, 210n, 218n
Okin, Susan Moller, 196n, 211n
Oliver, Melvin L., 75
Omdurmã, Batalha de, 148, 215n
Opotow, Susan V., 142
Outlaw Jr., Lucius, 96, 219n
Pagden, Anthony, 55, 199n, 200n, 202n
Pal, Radhabinod, 148
papas, e pronunciamentos papais, 55-7, 147
Parekh, Bhikhu, 212n
Pateman, Carole, 38, 53, 196n
Patterson, Orlando, 99
Paulo III, papa, 56
Pearce, Roy Harvey, 81, 207n
perigo amarelo, 126, 164
perigo negro, 164
pessoas: centralidade de, na teoria moral moderna, 48, 50, 95-6; criadas como brancas, pelo contrato racial, 43, 105-6; relação de, para subpessoas, 50, 96-100; *ver também* brancos; subpessoas; transformação de humanos
Pieterse, Jan P. Nederveen, 204n, 210n, 211n
Pittock, A. Barrie, 206n
Platão, 48, 140, 174
Poliakov, Leon, 168, 209n
política nazista: ciência racial e, 177; debate sobre a singularidade do Holocausto judeu e, 150-4, 214n, 216n; europeus limítrofes e, 123-5, 148; teoria kantiana e, 115
pós-modernismo, 160, 181

Potter, Elizabeth, 199n
Pratt, Mary Louise, 82
Price, A. Grenfell, 201n, 211n
Protocolo de Wannsee, 180
psicologia moral: origens da, em contrato ideal, 37, 42; origens da, no contrato racial, 42, 44, 58, 78, 97, 115, 150; racializada, como assunto para estudo pela ciência cognitiva, 138-43; *ver também* ética *Herrenvolk*; contratos específicos

raça: centralidade da, para teorização moral e política de subpessoas, 159-63; como construída, 43, 104, 177-9; disparidades na riqueza e, 73-8; etiqueta racial e, 92, 213n; evasão da, na teoria política, 218n; interesses de grupo e, 212n; como normativa em vez de desviante, 47, 61-2, 96, 98, 139, 173; origens da opressão racial e, 56, 104-5; raças sujeitadas e, 50, 97; racismo como má-fé e, 145; em substituição à exclusão religiosa, 58, 94-5; teoria racial crítica e, 177-9; traidores da, 156-8, 178; *ver também* brancos; contrato racial; espaço no contrato racial; pessoas; subpessoas; supremacia branca; transformação de humanos
raça Yamato *ver* Japão e japoneses
Raleigh, Walter, 107
Rawls, John, 37, 42, 53, 113, 121, 195n
Raynal, Guillaume-Thomas (Abbé), 157
Rebelião dos Boxers, 131, 164
regime político racial *ver* supremacia branca
renegados brancos, 156-8, 178
reparações, 75-8
requerimiento, 57
Retamar, Roberto Fernández, 199n
Revolta Indiana, 131-2

Reynolds, Henry, 201n
Rhodes, Cecil, 163
Richmond, Anthony H., 220n
riqueza branca *ver* raça: disparidades na riqueza e
Rodney, Walter, 71
Roediger, David, 198n
romanis, 148
Roosevelt, Theodore, 89
Rousseau, Jean-Jacques: como citado por Harmand, 60; contrato falso naturalizado e, 37; contrato ideal e, 112; selvagens brancos e não brancos em, 110; transformação da população humana em, 45
Russell, Kathy, 207n, 218n
Ryan, Michael, 205n

Said, Edward W., 62, 98, 199n, 202n
Sanders, Lynn M., 204n, 212n
Sanders, Ronald, 204n, 205n
São Domingos, revolução de, 131-2, 164
Sartre, Jean-Paul, 54, 145, 157
Schindler, Oskar, 157
selvagens: Doutrina da Descoberta e, 58; Estado colonizador branco e, 46; como fora das sanções morais e legais, 106; Hobbes sobre, 107-8; irlandeses como, 123; nativos americanos como, 59, 63, 107, 135; relação dos, para o espaço selvagem, 81; Rousseau sobre, 110, 112; status dos, em comparação com bárbaros, 46, 97, 124; como tendo a selva consigo, 86-7, 133; *ver também* subpessoas
selvageria *ver* estado de natureza
Shapiro, Thomas M., 75
Signifying, 184
Silet, Charles L. P., 199n
Sim, Kevin, 215n, 217n
Simpson, Christopher, 215n, 216n
Smith, Adam, 72, 76
Smith, Rogers M., 218n

Snowden, Frank, 104
Stannard, David E., 153, 201n, 205n, 213n, 214n
Stanner, W. E. H., 213n
Steinberg, Stephen, 203n, 209n
Stember, Charles Herbert, 206n
Stevens, F. S., 201n
Stoddard, Lothrop, 218n
Story, Joseph, 59
Strobel, Margaret, 198n
Sublimis Deus, 56
subpessoas: condicionamento ideológico de, 133-6; criadas pelo contrato racial, 43, 50-1, 54; lutas pessoais de, 169-71; lutas políticas de, 166-7; status epistêmico de, 100-2; status estético de, 103; status moral de, 96-100; teoria kantiana e, 112-5; violência contra, 128-33; vozes de, 161-2; *ver também* pessoas; transformação de humanos
supremacia branca: como global, *de facto*, 73-4, 116-7; como global, *de jure*, 55, 62, 65-7, 116, 163-5; como invisível na teoria política convencional, 33-4, 67, 121, 172-7 (*ver também* epistemologia; da ignorância, prescrita pelo contrato racial); como política, 33-5, 40, 44-7, 120-1, 127-8; como produzindo seu próprio apagamento, 117-21, 168
Swift, Jonathan, 214n
Swinton, David H., 204n

Takaki, Ronald, 201n
Taney, Roger, 59-60
teoria feminista, 35; cognição e, 175, 199n; filosofia política masculina e, 140-1; igualdade de gênero no estado da natureza e, 69; teoria do contrato e, 38, 196n (*ver também* contrato sexual); *ver também* mulheres, subordinação das
Thagard, Paul, 196n

Thiong'o, Ngũgĩ wa, 135
Thompson, Hugh, 157
Thompson, Leonard, 206n
Todorov, Tzvetan, 214n
Touro Sentado, 161
transformação de humanos: através da violência, 128, 130; por condicionamento ideológico, 133-6; no contrato ideal, 41-2, 44; no contrato racial, 43-6, 93-105, 122; por norma cognitiva, 99-102; por norma moral/legal, 95-100; por normatização estética, 102-3; *ver também* pessoas; subpessoas
Tratado de Tordesilhas, 66
Tucker, William H., 207n
Tully, James, 208n
Turnbull, Clive, 214n
Twain, Mark, 157

utilitarismo, 95; *Herrenvolk*, 143

Van den Berghe, Pierre L., 58, 64
Vansina, Jan, 214n
vida branca, maior valor de, 130, 132, 149-50
Vietnã e Guerra do Vietnã, 86, 148, 166, 215n
violência, para fazer cumprir o contrato racial, 63-6, 128-33, 145-9; *ver também* Holocausto
Voltaire, 101

Walker, David, 161
Wallerstein, Emanuel, 71
Ward, Russel, 206n
Washington, George, 63
Welchman, Jennifer, 208n, 213n
Wells-Barnett, Ida, 215n
West, Cornel, 206n
White, Hayden, 81, 94
Wicker, Tom, 204n
Williams, Eric, 71
Williams, Patricia J., 121
Williams Jr., Robert A., 56-8, 106, 110
Wilmer, Franke, 88
Wilson, Midge, 207n
Wolf, Eric R., 218n
Woodson, Carter, 134
Woodward, C. Vann, 202n
Wright Jr., Richard R., 219n
Wright, Richard, 162, 167, 213n

Yin, James, 219n
Young, Iris Marion, 195n
Young, Robert, 199n, 218n
Young, Shi, 219n

ESTA OBRA FOI COMPOSTA POR MARI TABOADA EM DANTE PRO E
IMPRESSA EM OFSETE PELA LIS GRÁFICA SOBRE PAPEL PÓLEN SOFT
DA SUZANO S.A. PARA A EDITORA SCHWARCZ EM MAIO DE 2023

A marca FSC® é a garantia de que a madeira utilizada na fabricação do papel deste livro provém de florestas que foram gerenciadas de maneira ambientalmente correta, socialmente justa e economicamente viável, além de outras fontes de origem controlada.